Nina MacLaughlin

VIRANDO a PÁGINA

de jornalista a carpinteira

Copyright © 2015 by Nina MacLaughlin
Licença exclusiva para publicação em português brasileiro cedida à Editora nVersos, todos os direitos reservados. Publicado originalmente na língua inglesa com o título: *Hammer Head: the making of a carpenter.*

Nota da autora:
Virando a página: de carpinteira a jornalista é um livro de não ficção. Alguns nomes e características dos personagens que aparecem nestas páginas foram alterados.

Diretor Editorial e de Arte: Julio César Batista
Produção Editorial: Carlos Renato
Revisão: Elisete Capellossa, Richard Sanches e Sueli Capellossa Bergmanhs
Arte da capa: Carlos Renato
Ilustrações capa e miolo: Shutterstock- Evgeny Karadaev / Shutterstock - STLLFX / Shutterstock - Pakowacz
Editoração Eletrônica: Equipe Nversos

Dados Internacionais de Catalogação na Publicação (CIP)
(Câmara Brasileira do Livro, SP, Brasil)

MacLaughlin, Nina
Virando a página de jornalista a carpinteira / Nina MacLaughlin ; tradução Luís Fernando
Protásio. - São Paulo : nVersos, 2016.
Título original: Hammer head : the making of a carpenter.
ISBN 978-85-8444-160-0
1. Carpinteiros - Estados Unidos - Biografia
2. MacLaughin, Nina 3. Mulheres carpinteiras - Estados Unidos - Biografia I. Título.

16-08548   CDD-694.092
Índices para catálogo sistemático:
1. Carpinteira : Biografia 694.092

1ª edição – 2016
Esta obra contempla o Acordo Ortográfico da Língua Portuguesa
Impresso no Brasil
Printed in Brazil

nVersos Editora Av. Paulista, 949, 18º andar 1311-917 – São Paulo – SP
Tel.: 11 3382-3000
www.nversos.com.br
nversos@nversos.com.br

Nina MacLaughlin

VIRANDO *a* PÁGINA

de jornalista a carpinteira

tradução
Luís Fernando Protásio

nVersos

para Mary

SUMÁRIO

PRÓLOGO, 9

1. TRENA - *Sobre a distância entre aqui e lá*, 11

2. MARTELO - *Sobre a força do golpe*, 43

3. CHAVE DE FENDA - *Sobre apertar e espanar*, 83

4. GRAMPO - *Sobre a necessidade da pressão*, 119

5. SERRA - *Sobre separar uma parte do todo*, 143

6. NIVELADOR - *Sobre mudar, fixar e mudar de novo*, 187

EPÍLOGO, *213*

AGRADECIMENTOS, *215*

PRÓLOGO

Como decidimos o que é o melhor para nossas vidas? Certa vez um amigo próximo me fez essa pergunta, e desde então ela fica martelando em minha cabeça. Que forma queremos que nossa vida tome e, caso tenhamos a sorte de encontrar uma resposta, como fazemos para construí-la? Em *As metamorfoses* de Ovídio, a mudança é governada pelos deuses, que repetidamente estão "sequestrando de todas as coisas a forma que lhes deram e transformando-as em outras coisas". As pessoas são transformadas em corujas, ursos, cavalos, salamandras, pedras, pássaros e árvores. Sem os deuses para nos guiar, para lançar seus feitiços transformadores, como podemos nos tornar algo diferente do que somos?

Eu era jornalista; agora, sou carpinteira. Como a reforma de uma cozinha, a transformação começou primeiro com grandes quebradeiras e agora se acalma conforme a conclusão se aproxima. Na faculdade, estudei Inglês e Humanidades e me envolvi com as abstrações da história antiga e da teoria literária. Um trabalho de jornalista veio em seguida e, com ele, o contato contínuo com o imaterial (a *internet*, as ideias, o relato de histórias por meio de palavras). O mundo ao meu redor, a realidade material – o assoalho e os armários, as mesas, os *decks* e as estantes –, tudo isso era real o suficiente para ser tocado e sentido, mas era um adendo, tido como certo, sempre ofuscado pelo brilho da tela do computador. Depois de quase uma década trabalhando numa mesa e na frente do computador, eu ansiava por me envolver com o material, fazer um trabalho que resultasse em algo que eu pudesse tocar. Comecei a me interessar cada vez mais em fazer uma mesa em vez de me sentar diante de uma.

Em *As metamorfoses*, os mortais são transformados pelos deuses por dois motivos: punição e salvação. Minha mudança de jornalista para carpinteira, porém, não foi nem uma coisa nem outra; foi um desvio inesperado, uma reforma bem-vinda. Sob a orientação de minha chefe, Mary, uma carpinteira e mentora surpreendente, consegui ter acesso ao mundo material. Eu observava incansavelmente como uma coisa se torna outra – uma semente que se transforma em árvore que se converte em tábua e se torna uma estante. Nas pessoas, essas transformações são mais sutis e, talvez, mais difíceis de serem alcançadas. Afinal, não podemos usar um serrote em nossos hábitos. Porém, nas palavras de Ovídio, "Nascer não significa senão tomar outra forma, ou seja, vir a ser algo diferente do que se era". Este livro conta uma história simples de coisas que se tornam outras coisas – uma história, como todas, de transformação.

1

TRENA

Sobre a distância entre aqui e lá

Da calçada da Memorial Drive, onde a ponte de Harvard começa no lado do Charles River em que está Cambridge, a vista se estende por mais ou menos 800 metros. Ao sul, o horizonte de Boston se eleva sobre a Storrow Drive. Próximo à água e no chão, o tijolo predomina; vidro e aço erguem-se na parte de trás. A oeste, rio acima e contra a corrente, uma placa da Citgo brilha sobre a Kenmore Square. E quando tem jogo do Boston Red Sox, os holofotes do Fenway Park fazem parecer que é dia no estádio. Serpenteante, o rio deixa Boston, atravessando 23 cidades, com calçadas e passeios abrindo espaço para os pinheiros e bordos que ladeiam a costa. Grandes garças azuis erguem-se nas águas rasas com suas pernas esguias enquanto as tartarugas, com seus cascos cravados de conchas, aquecem-se ao sol em cima de rochas e troncos. Por quase 13 quilômetros, o rio atravessa o leste de Massachusetts desde seu início, lá no Echo Lake, que fica numa cidadezinha chamada Hopkinton. A leste da ponte de Harvard, de volta para perto da cidade, veleiros dançam nas águas e remos roçam, ruidosos, as cavilhas das escunas conforme os ocupantes executam, metódicos, sua prática, deslizando por baixo da ponte. A linha vermelha do metrô cruza a ponte Longfellow cerca de 1,5 quilômetro rio abaixo. Mais à frente, a nova ponte Zakim eleva-se sobre as águas, suspensa por cabos brancos que lembram o esqueleto das asas de um pássaro. O rio encontra o porto, a água doce se junta à salgada, e o Charles River é absorvido pelo Atlântico.

Durante sete anos, atravessei a ponte a pé, uma vez de manhã, com o sol aquecendo meu ombro esquerdo, e outra à tarde, quando os pores do sol tingiam o céu de carmim. A ponte era parte do caminho de 5 quilômetros que eu fazia de meu apartamento, em Cambridge, até a redação do jornal onde eu trabalhava, em Boston. No caminho de volta para casa, dependendo do clima e da época do ano, e se fosse já começo da noite, faixas rosadas alastravam-se no céu acima do rio; ou então, se fazia frio e a cidade já estava escura, eram as luzes que ganhavam vida, postes, faróis, lanternas traseiras que pareciam brasas, todas piscando e cintilando ao longo da estrada à frente. O rio reluzia a cidade de Cambridge logo acima, mais baixa do que Boston, mais próxima ao chão. Em certas ocasiões havia lua; em outras, escassas estrelas aqui e ali, mas o vento sempre soprava forte na ponte. Turistas entregavam-me suas câmeras e me pediam para tirar fotos suas com o rio e o horizonte ao fundo, e eu me desviava de corredores e ciclistas que preferiam a calçada à ciclovia. E geralmente estava sozinha quando atravessava a ponte, de vez em quando bêbada, algumas vezes chorando, uma vez sendo beijada por alguém de quem eu nem gostava tanto. Atravessar o rio era uma travessia para meu cérebro – primeiro, rumo a uma mesa, ao ruído e ao estalido de teclas e cliques, entrevistas e ideias para matérias; depois, deixando minha mesa já à noite, rumo à calma e a casa, a um bar, a não ter que falar ou pensar ou ser inteligente ou digitar e ter ideias. Ah, eu gosto daquela ponte, de toda a sua extensão. Ela é a ponte mais longa que atravessa o Charles River, estendendo-se por 659,82 metros, ou 364,4 *smoots*.

No ano de 1958, Oliver Smoot era o calouro mais baixo da Lambda Chi Alpha, uma fraternidade do MIT. Numa madrugada daquele ano, ele foi colocado deitado ao longo da ponte de Harvard, de Boston até Cambridge, por seus colegas da fraternidade. Eles estabeleceram o cálculo oficial de 364,4 *smoots* e uma orelha a mais ou a menos. Desde essa lendária medição, duas vezes por ano os rapazes da Lambda Chi Alpha repintam os marcadores que indicam, na calçada da ponte, intervalos de 10 *smoots*. (Uma exceção é o marcador de 69 *smoots*, que passou a ser acompanhado da palavra "PARAÍSO".) Quando a ponte foi reconstruída na década de 1980, as placas da calçada foram feitas em *smoots* e não na medida padrão de um 1,80 m x 1,80 m. A contribuição de Oliver Smoot à medição continuou após seus dias de fraternidade. Uma placa na base da ponte celebra o 50º aniversário do *smoot* e destaca que Ollie dirigiu tanto o Instituto Nacional Americano de Padrões (ANSI) quanto a Organização Internacional para Padronização (ISO).

Eu corria pela ponte, o rosto corado pelo vento no inverno, o suor encharcando as costas de minha camiseta no verão, e ia para minha mesa na redação onde eu começara a trabalhar depois da faculdade. No início, eu fazia listas, o que significava inserir os dados de todos os *shows*, danças, exposições de arte, espetáculos de comédia, eventos de competição de poesia e duração de filmes em um enorme banco de dados toda semana. Escrevia sobre restaurantes salvadorenhos baratos, entrevistei David Copperfield, fiz o perfil de um coletivo de arte pornô, resenhei documentários, fiz a cobertura de uma conferência sobre virgindade e escrevi sobre livros e autores e a cena literária em Boston. Finalmente, me tornei editora-chefe do *site*, o que significava que eu tinha a tarefa de garantir que cada artigo aparecesse no lugar certo e no momento certo. Isso significava muitos cliques.

Por muito tempo, eu adorei tudo aquilo. Adorei o ritmo das coisas, os picos e as calmarias, a energia de uma sala cheia de gente, na sua maior parte homens, todos correndo contra o tempo para cumprir o prazo que se esvaía. A digitação furiosa, as opiniões, os bate-papos, as conversas ao telefone com as fontes, a concentração, o alívio... a redação tinha uma gravidade. E eu tinha orgulho de fazer parte daquilo. Que sorte a minha poder ir todos os dias a um lugar onde eu estaria cercada por mentes brilhantes contando histórias, trabalhando para produzir um negócio que tinha uma história, que era parte do tecido da cidade, que tinha um compromisso com o jornalismo sério e investigativo, ligado aos problemas reais, e que contava com o grupo de críticos de arte mais vigoroso de Boston.

Que grupo de gente estranha ocupava aquelas mesas comigo, que coleção incrível de cabeças. Havia o fumante inveterado e perspicaz que usava camisa para fora das calças e tinha um charme malandro e que tinha trabalhado na área de transportes e mudanças residenciais antes de se tornar jornalista; havia a praticante do jornalismo ativista e do jornalismo denunciante de injustiças que se sentava em sua mesa e trabalhava com o foco e a paixão de alguém possuído até que fosse levada para o bar, onde falava sobre como tinha seguido a banda Grateful Dead. O editor-chefe era um rabugento de primeira linha, um cínico de coração grande que tinha ajudado a fundar o jornal e ainda acreditava em seu poder e em sua necessidade. O editor de artes, com memória enciclopédica, tinha ataques de raiva, xingava e atirava livros no chão de sua baia, pois seus padrões eram inalcançáveis. E a escritora de artigos de destaque, de Brockton, escrevia uma coluna semanal sobre os personagens mais estranhos da cidade, o que me parecia ser o trabalho mais legal do mundo. Em minha mente, ela estava acima de mim; eu a vi há pouco tempo e a percepção de que tínhamos a mesma altura veio como um imenso choque e me fez questionar, por um momento, se ela teria contraído algum tipo de doença encolhedora. Era assim que eu a via.

Eu quase não acreditava na sorte que tinha. Toda vez que tinha que responder à pergunta: "o que você faz?", sentia orgulho. Aquilo era exatamente o que eu queria... até deixar de ser.

Falar de *leitores* se transformou em falar de *usuários*. A edição impressa ia cada vez pior e era de responsabilidade da equipe de *web* injetar "juventude" e "relevância" nas operações para assegurar o dinheiro da propaganda e manter o jornal. Uma história recorrente hoje em dia.

E aquele barulho dos teclados começou a me desanimar. Há certa apatia em todas as formas de trabalho, uma "violência – tanto ao espírito quanto ao corpo", como registra Studs Terkel em seu livro *Working* [Trabalhando]. Tarefas repetitivas e tempo vazio, e momentos em que você desejaria estar nadando. Isso é inevitável, até em empregos que amamos e dos quais nos orgulhamos; isso é natural, mesmo que tenhamos encontrado nosso chamado. Momentos sem sentido que se acumulam, momentos insignificantes que roem sua alma, que rastejam em seu cérebro e berram com você até que ignorá-los não seja uma opção. Enfim, momentos enfadonhos que conduzem a perguntas difíceis, aquelas que dizem respeito, no sentido mais amplo, à natureza do tempo, da vida e da morte.

Depois de anos passando a maior parte de minhas horas acordada diante da tela de um computador, clicando em botões, percebei que eu me tornara uma massa numa cadeira, presente apenas no fato físico de minha carne diante da mesa, minha alma seca como um biscoito de água e sal. E isso piorava dia após dia, como uma blusa que antes era confortável e favorecia seu corpo e que de repente começa a apertar aqui e ali, as alças rebeldes escorregando dos ombros. Meu cérebro parecia estar perdendo os sulcos, sendo tomado por um entorpecimento vagaroso, gradual, preguiçoso. Era cada vez mais difícil encontrar prazer no ambiente de trabalho e sentido no esforço. As pessoas de que eu mais gostava começavam a ir para outros empregos em outros lugares.

A tela exerce um poder tirânico e eu sou tão seduzida quanto qualquer um pelos clipes e imagens, pela notícia e o ruído da *internet*. Eu preferia escrever um *e-mail* em vez de pegar o telefone e ligar. Tenho amigos que só conheço *on-line* e sou grata por essas conexões, mas não consigo pensar em nenhum outro lugar onde se consuma tanto e se absorva tão pouco. Nisso, a *internet* não tem rival à altura. Não confio no seu canto de sereia, no jeito como ela acena e na minha própria incapacidade de ignorar seu chamado. É uma toca de coelho, uma queda no vazio como no país das maravilhas que fica logo ali, sempre a um clique de distância.

Minha mente estava enferma, e ressacas me assombravam em três dos cinco dias de trabalho por semana. Com o *mouse* na mão hesitante e suada e a mente desocupada e deprimida, passei meses remoendo um único pensamento: "eu tenho que sair daqui". Mas eu tinha uma rotina familiar a que me agarrar, e um plano de saúde a pagar, e, apesar de tudo, sentia uma ligação com a instituição. E assim fiquei, rolando as páginas que tinha que rolar, clicando nos botões que tinha que clicar. Além disso, o que eu faria depois? O que eu poderia fazer? A inércia, o medo e a preguiça – o cão de três cabeças que nos impede de sair de situações que já passaram de sua data de validade – rosnava ao meu redor havia meses, à maneira de Cérbero, que permitia que almas entrassem no reino dos mortos, mas não deixava nenhuma delas sair.

O ponto crítico veio na forma de uma lista *on-line*. Como uma resposta sarcástica à lista de mulheres mais atraentes da

Maxim, nós publicamos uma lista dos "Cem Homens Menos Atraentes". Um espaço na lista foi reservado não para repugnância física, mas para falta de caráter, más ações e impopularidade em geral. Políticos envolvidos em escândalos, atletas misóginos, gurus racistas, figuras públicas abjetas de todos os tipos. Da primeira vez, a lista fez tanto sucesso que o tráfego intenso derrubou o *site*. Depois, tornou-se uma atração principal. Formulá-la e executá-la da primeira vez foi estupidamente divertido – nada do que se orgulhar, mas também nada demais. Quando a terceira lista anual foi publicada, eu estava desanimada. Mais do que isso: ao me sentar à minha mesa para verificar se o número na lista correspondia ao número na sinopse sobre o homem em questão, bateu o desespero. Aquilo era mais do que estúpido e meu cérebro berrou: *Você vai morrer e esta é uma forma vazia de gastar seus dias.*

Afundada em meu computador durante aqueles dias nada atraentes, tudo o que eu conseguia pensar era em pedir demissão. Eu almejava alguma coisa longe da tela do computador, longe da caixa de ressonância da *internet*. Queria algo que tivesse um pouco mais a ver com a realidade. Mas o que isso significava? Nossas vidas *on-line* são tão atadas à realidade quanto fazer panquecas, colocar o lixo, derramar um copo de vinho. Em minha mesa, no entanto, eu me sentia muito longe de um porto seguro, de uma torre de controle, da satisfação. De um modo vago, eu queria colocar meu cérebro onde minhas mãos estavam. Esses impulsos eram pontos de interrogação, desejos obscuros, quimeras. Eu também queria ser uma patinadora olímpica, mas isso não ia acontecer.

Trabalhei no jornal durante quase todos os meus vinte anos. Chegando aos 30 anos, não era só o desencanto com meu trabalho na *web*: meu cérebro estimulava-se com a ideia de mudança, com a ideia de uma alteração total do rumo que minha vida tinha seguido até aquele momento. Passei meses nesse modo, esgotada, profundamente aborrecida, tentando juntar coragem suficiente para dar o salto e agir.

No caminho para o trabalho, em uma manhã luminosa e amena de setembro, cruzei a ponte de Harvard. Turvos sob meus pés, os marcadores *smoot*, com sua pintura desbotada, contavam a distância. Olhei para o rio enquanto ensaiava o que diria ao meu chefe naquele dia. Cheguei a Boston, na outra margem, com determinação, mas principalmente com medo e alguma esperança. Quando cheguei ao escritório, pedi demissão.

Não foi apenas o trabalho que terminou. Mudei-me de meu apartamento, terminei com um namorado e deixei a cidade por um tempo. Martelo, batida, poeira, pronto.

◆

Meus dias eram inexpressivos, todos eles vazios. O medo – de jamais conseguir outro emprego, de ter tomado uma péssima decisão, de ter perdido o rumo para sempre – transformou-se em arrependimento, aquele mal-estar de saber que o tempo só se move em uma direção e que não existe a possibilidade de mudar o que foi feito.

Pequenos esforços e rotinas livres eram remédios ineficientes. Numa manhã chorosa no início da primavera, enquanto eu fazia minha busca diária nos classificados do *Craigslist*, revendo, mais uma vez, as mesmas poucas vagas nas seções "Escrever/Editar" e "Arte/Mídia/*Design*", cliquei na categoria "Outras". Em meio a buscas por adestradores de cão, barrigas de aluguel (até 40 mil dólares – tentador) e usuários de cateter (25 dólares por sua opinião – nem tanto), acabei me deparando com uma linha que se registrou em meu peito com uma batidinha extra de meu coração.

Ajudante de carpinteiro: mulheres são fortemente encorajadas a se candidatar.

Aquele anúncio simples pareceu brilhar com a promessa de exatamente aquilo pelo que eu tanto ansiava. Meus dedos hesitaram sobre o teclado, prontos para escrever uma mensagem que convenceria aquela pessoa de que eu era a mulher certa para o trabalho.

Tentei explicar minha experiência. Nenhuma. Nem umazinha sequer. Tentei pensar no que poderia me qualificar. Eu não sabia a diferença entre uma chave Phillips e uma chave de fenda. Será que eu deveria admitir isso? Não, não admita isso. Expliquei que meu *background* profissional tinha mais a ver com juntar sentenças do que com usar martelos, pregos e madeira, mas que eu era curiosa e trabalhadora e que há tempos desejava fazer algum trabalho manual. "O que não tenho de experiência, definitivamente vou compensar com minha curiosidade e com meu entusiasmo", escrevi ao recruta anônimo.

Cliquei em "ENVIAR" e a animação inicial e o sopro de otimismo foram varridos por uma onda de desânimo e pessimismo. Que piada, resmunguei. Que tiro no escuro ridículo. Não se conseguem empregos de carpinteiro com base em alegações de curiosidade e capacidade de trabalhar duro, adverti a mim mesma. Juntar sentenças? Eu parecia uma idiota. Imaginei a pessoa lendo meu *e-mail* e rindo – ah, que ótimo, *curiosidade* é exatamente a qualidade que busco em alguém para me ajudar a construir uma escada segura – e, depois, descartando minha mensagem para continuar a busca por alguém que, de fato, soubesse alguma coisa. Arrependi-me da forma como abordei a oportunidade e tentei tirá-la de minha cabeça.

Na mesma manhã, candidatei-me a um cargo de editor de ficção em uma agência literária *on-line* (não remunerado) e a um bico de redator de descrição de produtos adultos (20 dólares por descrição, sete descrições por semana). O lugar da vaga de redator respondeu imediatamente e perguntou se eu gostaria de escolher um produto da lista que me enviaram e escrever uma descrição como teste, não mais do que um parágrafo, demonstrando o conhecimento das palavras-chave.

Percorri as opções. Bolas Inteligentes: bolas de silicone para exercícios de kegel. Libertador: almofadas. Promessa de Satisfação: grampos de mamilos. Luxo de Adônis: estimulador de clitóris e ponto G. Ouvi as palavras do professor de latim que tive no ensino médio: quando seus olhos estão abertos, você vê referências aos clássicos por toda parte. *Caveat emptor*[*]. Então, coloquei meu diploma em uso. *Adônis, com sua beleza insuperável, nascido do tronco da árvore de Mirra, era tão adorável que a própria Vênus, deusa do amor, não lhe resistia.* Foi assim que comecei minha sinopse. Não mencionei que o adorável Adônis era fruto de um par incestuoso, que sua mãe também era sua irmã e que seu pai era seu avô. De fato mencionei a penetração, a forma como o javali penctra a presa na virilha de Adônis, matando-o, até que Vênus, que o amava, decide transformá-lo em uma flor de um vermelho profundo, "a própria cor de romãs maduras que escondem sementes doces sob sua casca macia", como Ovídio diz em suas *Metamorfoses*. Sementes doces e cascas macias, presas penetrantes e uma beleza que seduziu a deusa do amor. As pétalas caem rapidamente da flor em que Adônis é transformado, ao contrário do volumoso e durável florescimento que o estimulador de ponto G e clitóris lhe proporciona.

Enviei, fechei meu computador e fui caminhar na chuva.

◆

Quatro dias depois de me candidatar à vaga de carpintaria, quatro dias depois de varrer da minha cabeça qualquer pensamento sobre aquilo, recebi um *e-mail* enviado a uma lista

---

[*] NT.: Expressão latina que significa literalmente "cuidado, comprador".

gerada automaticamente pelo *Craigslist*. Era de uma mulher chamada Mary. Ela escrevia para dizer que entraria em contato com quarenta dos mais de trezentos candidatos à vaga que haviam respondido ao anúncio nas primeiras 18 horas. ("Sinal dos tempos", ela escreveu.) Aquilo me deu esperança. Eu estava na lista. Tentei digerir a situação por um momento antes de lembrar que quarenta pessoas ainda era muita gente e que, de qualquer forma, eu continuava tendo apenas entusiasmo e curiosidade como semiqualificações. Continuei lendo.

Mary falava um pouco mais de si, explicava o trabalho e o que estava buscando, simples e direta. "Tenho 43 anos, sou lésbica, casada e tenho uma filha de 10 anos", escreveu. Era autônoma há alguns anos e antes tinha trabalhado com outro empreiteiro. "Gosto de pensar que sou uma carpinteira audaciosa e qualificada e uma azulejadora ligeiramente melhor." Eu não sabia o que aquilo significava, mas gostei do "audaciosa e qualificada", pois aquela expressão me trouxe a imagem de um carpinteiro errante e aventureiro, ferramentas penduradas no ombro, viajando de um lugar para outro, construindo e reformando, cantarolando pelos cantos com calças de trabalho desgastadas e um sorriso largo no rosto.

E ficava melhor. Ela descrevia as características que buscava: "A coisa mais importante é ter bom senso. Em seguida, vem carregar coisas – isso é fundamental!". Apertei o bíceps de meu braço esquerdo e senti o músculo crescer conforme eu o flexionava. Eu consigo carregar coisas, pensei. Definitivamente consigo. Pensei em tirar sofás ou mesas dos apartamentos, subir e descer lances de escada carregando caixas e mais caixas de livros. "Ferramentas, materiais, tudo", Mary escreveu a respeito do que carregávamos. E bom senso: sem dúvida meu julgamento era suficientemente sensato no que se refere a assuntos práticos. Não sou a pessoa mais prática do mundo, mas faço bem uma baliza, consigo seguir uma receita... às vezes até sei o que vou vestir com um dia de antecedência. As técnicas variam de trabalho para trabalho, ela explicou, e os trabalhos levam de um dia a vários meses, mas geralmente duram cerca de duas semanas. E então, em uma linguagem praticamente desconhecida, vinha a lista de trabalhos envolvidos: "Retificar e pintar paredes." (Certo, eu era capaz de pintar, mas que diabos queria dizer retificar?). "Instalar pisos de madeira ou ladrilhos. Instalar guarnição." (Parecia factível.). "Trabalhos maiores: reformas de cozinhas e banheiros, obras estruturais." (Pareceu sério e intimidador.). "Demolição, enquadramento, isolamento, sistemas contra incêndio, instalação de assoalhos, aplicação de massa, instalação de janelas, reboco, instalações elétricas, reconstrução de varandas. Praticamente tudo, exceto anexos e telhados.". O que essas palavras queriam dizer? Enquadramento? Enquadrar fotos, imaginei, e seria legal aprender isso. Isolamento? Pensei em casas em lugares afastados, mas imaginei que não devia ser isso. Reboco. Reboco? Tudo aquilo soava misterioso e atraente.

Mary pedia para que falássemos um pouco mais de nós e explicássemos porque queríamos o trabalho. Em minha resposta, tentei ser tão direta e sincera quanto ela tinha sido. Tenho 30 anos, escrevi. Passei os últimos anos trabalhando em um jornal. Sobre carpintaria, escrevi o seguinte: "Vou ser honesta: não tenho muita experiência. Disse também: sou forte (carregar coisas não é problema nenhum)." Aleguei ser bastante sensata e enfatizei novamente o quanto eu estava curiosa para aprender aquelas coisas. Escrevi a respeito da satisfação de construir uma boa sentença, mas que já fazia algum tempo que estava atraída por algo mais imediato, mais físico, mais prático e mais tangível.

"Esse é o trabalho que quero aprender e fazer", escrevi.

"Você terá que me ensinar, mas vou aprender rápido e não me importo de trabalhar duro. Posso começar imediatamente."

◆

Qual é a precisão de seu relógio interno? Se alguém pedisse para você marcar 1 minuto sem contar os segundos, quão próximo você chegaria? E se alguém pedisse para você marcar cinco centímetros e meio sem usar uma régua, quão próximo você chegaria? Seis milímetros? Dois centímetros? Como você lida com a especialidade?

Os primeiros sistemas de medição eram baseados no corpo humano. Um cúbito era a distância do cotovelo até a ponta do dedo médio. Meio cúbito ou um palmo equivalia à distância entre o polegar e a ponta do mindinho. O que hoje chamamos polegada era a largura do polegar de um homem ou a distância entre a ponta do dedo indicador e a primeira junta do dedo. Um pé: o tamanho do pé. No Egito antigo, os monumentos eram construídos com base no Cúbito Sagrado, o cúbito padrão acrescido de um palmo. Dois passos simples equivaliam a um passo duplo, ou cinco pés no padrão romano. Mil passos duplos correspondiam a uma milha. A distância entre o nariz e a ponta do polegar do rei Henrique I equivalia a uma jarda. Duas jardas são uma braça, ou o comprimento de dois braços estendidos. No século XIII, o cúbito de ferro do rei Eduardo I, nomeado a partir do maior osso do antebraço, definiu a medida da fita métrica padrão. Um pé era um terço da jarda, e, uma polegada, 1/36. Eduardo II, seu filho exibicionista, estipulou de outra forma em 1324. Para uma polegada, estipulou três grãos secos de cevada colocados lado a lado. Mas a natureza é instável e não podemos contar com o tamanho das sementes, dos dedos e dos pés. (Que poder os reis exerciam, quando o comprimento de seus ossos

– ou seu gosto por sementes de cevada – era capaz de se tornar a base do sistema de medidas!).

O que no ocidente era a largura de antebraços e passos, na Índia antiga era outra coisa, embora a escala de medidas lá ainda guarde uma relação com o mundo natural. Uma *yojana* media a distância que um carro de bois podia cobrir em um dia. Uma extensão, podemos supor, que dependia da força do boi, da condição de suas juntas, da qualidade da estrada ou até mesmo da lubrificação das rodas da carroça. Uma *krosa* media a distância em que o mugido de uma vaca podia ser ouvido, uma distância que dependia da direção em que o vento soprava. Um dedo era dividido em grãos de cevada; grãos de cevada, em piolhos; piolhos, em lêndeas; lêndeas, em pelos de vaca, pelos de ovelha, penugem de coelho, diminuindo, diminuindo até o grão de poeira levantado por uma carruagem e que não pode ser dividido. E, embora o mugido de uma vaca não seja fixo, uma distância surge em nossas mentes, inexata, mas imaginável – aquele mugido melancólico percorrendo as pastagens, suave, vindo dos animais lá nas colinas.

As coisas mudaram na França de Napoleão, quando o metro foi adotado e o esqueleto humano deu lugar a um tipo completamente diferente de escala. Um metro equivalia à décima milionésima parte da distância entre o Equador e o Polo Norte seguindo uma linha reta que atravessava Paris. Essa é uma distância mais complicada de enfrentar. Com que se parece uma décima milionésima parte de distância? Vejo blocos de gelo e florestas tropicais, uma vara que encolhe até alcançar o tamanho dessa pequena fração daquela grande distância. Vejo um globo em uma prateleira e uma pequena mão girando-o.

E essa medida também já mudou desde então. O metro não é mais uma fração da superfície da terra, mas o comprimento do trajeto percorrido pela luz no vácuo durante um intervalo de tempo de 1/299.792.588 de um segundo. Não posso conjurar uma floresta tropical, ou espalhar os dedos diante de meu rosto para calcular uma extensão, ou olhar para meu antebraço para saber quanto é 1 cúbito, ou ouvir o som do mugido daquela vaca lá ao longe, ou colocar Oliver Smoot deitado. Minha mente não consegue compreender a luz e o vácuo e aquele fragmento de tempo. O valor de um dia inteiro de viagem de um carro de boi é uma coisa. Para meu cérebro fraco, é impossível conceber a velocidade da luz ou fragmentos de 1 segundo.

No século XIII, a palavra *jornada* [*journeyman*]* significava a distância percorrida em um dia, e mais tarde veio a significar um dia de trabalho. A base é a palavra francesa *jour*, que significa dia. Por outro lado, uma pessoa *qualificada* é alguém bem treinado, num estágio entre o aprendiz e o mestre, que tem a capacidade de concluir um trabalho com sensibilidade. Distância percorrida, trabalho feito, isso era algo que eu conseguia compreender.

◆

Dois dias depois do *e-mail* em que a carpinteira se apresentava e dizia o que estava buscando, recebi outra mensagem. Dessa vez, havia doze destinatários e um pedido para que cada um de nós escolhesse uma data para passar metade de um dia de trabalho com ela. "Chamem de eliminatórias", ela escreveu. "Pago por hora e ofereço café. Será uma entrevista, embora longa."

Levantei-me da cadeira e sorri, e o calor da empolgação, misturado com o nervosismo, corou minhas bochechas. O que

---

* NT.: *Journeyman*, no original em inglês, também traz o radical francês *jour*, mas não conta com um correspondente exato em português. O termo surgiu na Idade Média para se referir a um trabalhador que já havia concluído seu treinamento em uma guilda e, por isso, podia trabalhar por dia (jornada). Ainda hoje é usado em inglês para se referir a alguém qualificado, que desempenha bem o seu trabalho.

devo vestir? Devo levar meu próprio martelo? Devo levar minha própria trena? Será que eu tenho uma trena?

Esqueci Adônis.

A manhã de abril em que aconteceria minha audição estava chuvosa e feia. Caminhei até a casa da carpinteira me perguntando se ela esperava que eu carregasse um cinto de ferramentas.

Ela morava em uma ruazinha lateral no bairro de Winter Hill, em Somerville. Não vai demorar muito até que os antigos salões de beleza, barracas de comida tailandesa e a casa de câmbio fechem para dar espaço a bares escuros com ambientes *vintage* e boutiques que vendam sacolas artesanais e mel local. A grande igreja de tijolos à vista dominava o canto sul da rua. Homens em ternos de funeral, ombros curvados sob guarda--chuvas, esperavam as pessoas. Do outro lado da rua, em um café de esquina, as pessoas sentadas ao balcão debruçavam-se sobre sanduíches de ovo enquanto liam o *Boston Herald*. Uma mulher despediu-se da senhora atrás do balcão chamando-a pelo nome e levantando um copo de café enquanto saía pela porta. Quando viu os homens do funeral, abaixou a cabeça. Prédios de três andares com toldos de PVC, do tipo que se vê por todo lado em Boston, Cambridge e Somerville, enfileiravam-se no resto do quarteirão. As ruínas de uma antiga construção vitoriana erguiam-se como uma rainha velha na outra extremidade da rua, exibindo suas torres, janelas com sacada e beirais em espiral. A casa da carpinteira era grande, alta e verde; tinha persianas marrons e parecia ser dúplex. Em um parquinho asfaltado que ficava do outro lado da rua, centenas de crianças do primário corriam e gritavam, jogavam basquete e se desviavam das poças--d'água antes de se apressarem para dentro, quando o primeiro sinal indicou o início do dia de aula.

A carpinteira estava no final da calçada em frente ao pátio da escola, as mãos enfiadas nos bolsos da calça cargo cáqui. Eu esperava uma mulher maior, musculosa e mais alta. Ela era alguns centímetros mais baixa do que eu, ombros estreitos e pequenos. Seu suéter de lã sintética tinha buracos nos cotovelos e quando ela estendeu a mão para me cumprimentar, abriu um largo sorriso que revelava dentes tortos, os dois da frente bastante separados, o direito manchado e projetado para frente. Seus olhos escuros brilhavam gentis; seus ombros inclinados para a frente, a postura não exatamente curvada, como um garoto de 13 anos, confuso, escondendo os novos músculos, ou de uma mulher que não tem o hábito de jogar os ombros para trás para realçar os seios. O gorro de lã listrado de azul e cinza que ela usava cobrindo os cabelos curtos, grossos e grisalhos lhe emprestava uma aparência de duende, e sua voz, quando ela me cumprimentou – "Então, você é a jornalista" –, era mais firme do que eu esperava de seu rosto. "Mary", ela disse enquanto apertamos as mãos. "Que clima agradável."

Quando subimos em seu furgão branco, uma carcaça enferrujada e barulhenta, ela explicou que instalaríamos azulejos no banheiro de uma casa em Cambridge. A parte de trás do furgão não tinha banco e estava lotada de ferramentas para o trabalho do dia. Baldes para ferramentas, serras, uma broca, esponjas, niveladores e espátulas amontoados de forma caótica. No canto perto da porta traseira havia um saco rasgado de cimento e pelo buraco o pó cinza vazava para o chão como areia numa ampulheta. Pedaços de madeira clara de vários comprimentos espalhavam-se como varetas de um jogo de palito. O banco da frente era uma mistura de cascas de laranja, o resto já marrom de uma maçã, uma trena robusta, um pote de nozes salgadas, garrafas-d'água, um absorvente, um pincel de cerdas duras, uma faca e maços e maços de tabaco, amassados e quase vazios. Farelos de tabaco juntavam-se nos suportes para copo, nas costuras dos assentos, no vinco onde o painel encontrava o para-brisas.

Quando chegamos na casa, uma velha mansão não muito longe da Harvard Square, ficou claro que não seríamos as únicas trabalhando ali. Um garanhão de uma picape estacionada em frente exalava testosterona, e nós dividimos a calçada com outras duas: a dos pintores tinha escadas amarradas no teto e latas de tinta na parte de trás e a dos encanadores que tinha caixas de ferramentas engorduradas cheias de chaves inglesas, tubos brancos e fragmentos de canos de metal. Borboletas começaram novamente a bater suas asas elétricas em meu estômago e minha boca secou. Uma coisa era apenas aquela mulher testemunhar minha incompetência, mas uma equipe inteira de mestres de obras, especialistas e profissionais? Era como ter um grupo de pilotos de corrida sentados no banco de trás durante minha primeira vez ao volante.

Dentro da casa, os trabalhadores andavam apressadamente de um lado para o outro. O imóvel tinha acabado de ser comprado, Mary explicou, por uma arquiteta chamada Connie e seu marido. Eles se mudariam dentro de seis dias, e uma energia canalizada preenchia as salas e os corredores conforme os homens e as ferramentas faziam seu trabalho.

– Nem sonhando as coisas vão ficar prontas a tempo – Mary sussurrou para mim.

Marteladas ecoavam nas paredes vazias, no assoalho de madeira e no teto. O grunhido de uma serra elétrica veio de alguma parte lá de cima. Vozes masculinas, um rádio ligado na NPR (*National Public Radio*), uma pancada de madeira contra madeira quando algo caiu no chão, uma confusão de sons e estrondos que nos seguia conforme íamos de sala em sala. Aqueles eram ruídos familiares. Eu já os tinha ouvido vindo de dentro das casas de outras pessoas uma centena de vezes, o tipo de perturbação que fica marcada e, assim como explode, logo desaparece em meio ao resto da paisagem sonora. Uma serra grunhindo em algum lugar, aquele som limpo, parecido com o de uma chaleira, traz a imagem de uma lâmina e de muita poeira. O retumbar de uma martelada, agudo como um tiro, rasgando pelo corredor do segundo andar em algum ponto e a imagem imediata de um braço elevado e de um golpe. Mas logo você está de volta ao ônibus, às buzinas dos carros, à conversa de alguém ao celular, ao ruído que preenche seu próprio cérebro, sempre ocupado. Mas as marteladas vibravam diferente dentro de uma casa – mais altas, mais deliberadas, sim. Mas, em sua proximidade, o som fazia o trabalho ser algo impossível de se ignorar, algo estava sendo feito ali, uma coisa concreta e específica. Eu não fazia ideia do que era aquela coisa concreta e específica, mas os sons eram urgentes e o fato de eu ser parte do coro naquele dia os deixava mais altos e mais reais do que nunca.

Na sala da frente, uma grande escada estendia-se para cima, dobrando abruptamente à esquerda; a cozinha, tão grande que poderia abrigar grande parte de meu apartamento, tinha a atmosfera clara e acolhedora de uma casa de veraneio. Estava cheia de equipamentos e eletrodomésticos – belos armários de madeira escura forravam duas paredes; uma cuba dupla, grande o suficiente para dar banho em vários bebês de uma só vez, e não um ou mesmo dois, mas *três* fornos. Como seria possível encher todos aqueles armários? E o que você faz com três fornos?

– Aquilo não é um forno – disse Mary. – É uma adega.

A sala de estar formal tinha portas francesas largas e altas que se abriam para um jardim. Cercado, era uma espécie de quintal mágico que parecia um forte. As primeiras flores amarelas de narciso ainda eram botões escondidos em uma casca verde-amarela e os pequenos ramos de sino-dourado no canto explodiriam em cor a qualquer momento. O tráfego pesado serpenteava ao longo da rua movimentada na frente, mas o jardim parecia estar a quilômetros de distância de qualquer tipo de barulho provindo das ruas do subúrbio.

– É... Legal o lugar – disse Mary.

Voltamos ao furgão para pegar as ferramentas.

– Pegue a serra de azulejo. – Olhei fixamente para a parte

de trás do furgão e meus olhos percorreram as ferramentas espalhadas, mas eu não fazia ideia de qual delas pegar. – Ali, à esquerda – disse Mary, gesticulando com o queixo. – Essa encardida, amassada e cheia de pó.

Inclinei-me e levantei a serra. Era uma máquina já bastante usada e coberta por um pó seco, como a argila seca que cobre a roda dos oleiros. Uma bandeja rasa que estava encaixada debaixo da lâmina se soltou em minhas mãos.

– Aguenta mais?

– Claro – respondi, querendo fazer jus à minha alegação de que eu era forte.

Ela colocou um saco de brocas sobre a serra, um saco de lona laranja contendo a furadeira e parafusos de vários tamanhos, alguns pretos e achatados, outros prateados e brilhantes. Brocas foram colocadas ao lado de algumas serras do tamanho de facas. O cheiro da bolsa, que repousava bem debaixo de meu nariz, era metálico, aquele cheiro de sangue misturado com poeira, o delicado aroma do fundo dos sótãos e de madeira crua. Os músculos de meus braços flexionaram sob o peso. Segui Mary, que carregava um grande balde laranja repleto de ferramentas e outro balde menor com uma esponja amarela grossa parecida com aquelas que usávamos para lavar o carro de meu pai anos atrás. Levava também uma coisa larga parecida com uma espátula de metal brilhante e uma caixa de papelão igual a uma caixa de leite, só que bem maior. *Carregar coisas – isso é fundamental*, lembrei-me quando subimos as grandes escadas até o segundo andar e, em seguida, um lance mais estreito e íngreme até o terceiro. Gostei da palavra "carregar" – ela descrevia perfeitamente a coisa.

O terceiro andar era aberto, tinha um carpete cinza claro e o teto oblíquo. Seria uma área de entretenimento para as crianças, uma sala de brincar, disse Mary. Sorte delas. Mansardas alinhavam-se na frente do cômodo e davam para a rua.

Na parede oposta havia janelas que davam para o jardim e para o quintal do vizinho. Uma cozinha minúscula com um frigobar, um forno e uma bancada acomodava-se no canto ao lado das escadas. Um refúgio, um sonho distante dos adultos lá embaixo.

O banheiro, em L, também tinha o teto oblíquo, uma grande janela na parede de frente para a porta, uma banheira, um vaso sanitário e uma pia. O contrapiso, como Mary o chamara, era uma pedra clara com alguns parafusos e fazia o lugar parecer meio nu, como se tivesse se esquecido de colocar as calças. Cobrimos o chão do lado de fora do banheiro com plástico e preparamos a serra de azulejos junto à porta. Do lado direito, até a altura dos joelhos, uma torre de caixas de pisos largos deixava espaço só para nós duas. Os ruídos dos trabalhos acontecendo no andar de baixo ecoavam distantes.

– Você corta, eu assento – disse Mary. Fiquei aliviada de não estarmos dividindo o espaço com a equipe de pintores, que trabalhava numa segunda demão de tinta nas paredes, e os eletricistas estarem mexendo com seus fios em outro lugar. Mas esse alívio não durou muito. "Você corta" fez surgir em mim o mesmo nervosismo que senti quando me aproximei de uma máquina automática de venda de passagens de trem em uma cidade estrangeira 1 minuto antes de embarcar. Olhei para Mary com uma expressão que, eu esperava, dissesse que eu nunca tinha cortado piso antes, nunca tinha usado uma máquina daquela. No entanto, encolhi os ombros e simplesmente disse um "Ok" com um tom de "vamos lá, então".

Continuei na soleira da porta encarando o banheiro, a máquina de cortar azulejos no cavalete bem diante de mim. Perto da janela, onde o piso estava salpicado pela chuva, Mary esticou a trena na largura do cômodo, do canto atrás do vaso sanitário até a parede do outro lado, onde ficava a pia. No meio, fez uma marca a lápis no chão. Depois, virou-se para mim e esticou a trena na frente da soleira. Dei um passo para a esquerda assim que percebi que estava bloqueando a luz. Meu pai, sempre envolvido em projetos de vários tipos, vivia dizendo para meus dois irmãos e para mim que estávamos encobrindo a luz. Ele bufava, a cabeça inclinada sobre iscas de pesca, ou desenhos de chamarizes que esculpiria, e dizia, impaciente: "Vocês estão tapando a minha luz", como se estivéssemos obstruindo o sol inteiro. Então saltávamos para um lugar onde não estivéssemos fazendo sombra e continuávamos brincando. Compreendi que fui treinada para perceber se meu corpo obstruía a luz do trabalho de outra pessoa. E esperava que isso fosse um sinal para Mary de que eu era atenciosa e tinha bom senso, que reconhecia a importância da luz e sabia quando sair do caminho.

Ajoelhada, ela me pediu para passar o pé de cabra que estava no balde de ferramentas.

– Esse aqui? – perguntei, levantando uma ferramenta de metal que estava enfiada num saco no balde. Era gelado, tinha cerca de 22 centímetros de comprimento, uma das pontas era achatada como um rabo de peixe e a outra curvada como um J preguiçoso. Parecia uma alavanca, algo para enfiar embaixo de alguma coisa e levantar.

– Esse mesmo. – Ela fez movimentos ligeiros, e alguns golpes rápidos com a ferramenta por baixo da madeira logo fizeram a soleira sair. Parecia fácil.

– Me passa o giz de linha.

Olhei para dentro do balde como se estivesse inclinada diante de um poço escuro e me perguntei se aqueles pedidos eram parte do teste, para ver o que eu sabia. Se fossem, eu estava sendo reprovada.

– Uma coisa de plástico cinza, em forma de gota e com um marcadorzinho pendurado.

Peguei o objeto e arremessei-o suave para o outro lado do banheiro. Mary o pegou com uma mão. Balançou-o, puxou o pequeno marcador e uma corda de giz azul emergiu do coldre.

– Segure isso – ela disse, estendendo a peça de plástico cinza – e puxe.

Segurei e puxei enquanto Mary prendia a extremidade com o marcador de metal no chão, contra a parede, no lugar onde ela havia feito aquela marca central.

– Agora, desça a linha, coloque sobre a marca na porta e estique firme – explicou.

Eu me agachei, rastejei sob a serra de azulejo e desci o fio sobre a marca na porta.

– Segure firme – disse ela. – Preparada?

– Acho que sim.

Ela levantou o fio em um ponto entre nós duas de modo que ele formasse uma elevação no meio do cômodo e, em seguida, soltou. O fio estalou contra o chão. Uma nuvem de pó de giz azul se ergueu e uma linha fina de giz foi demarcada ao longo do chão. O irmão mais velho de um amigo meu costumava brincar com a gente com um elástico. Nós estendíamos os braços e ele estalava o elástico contra nossa pele, puxando sempre mais a cada estalo, o que ia deixando faixas vermelhas e ardentes em nossa pele, faixas como aquela linha azul que acabara de rebentar no chão.

– Esse é o eixo do cômodo – Mary disse, ainda de joelhos.

Ela abriu um saco de pó arenoso, igual àquele que havia na parte de trás de seu furgão, e derramou um pouco em outro balde laranja. Uma nuvem fina subiu pela boca do balde, como se ali dentro houvesse um escoteiro tentando fazer fogo com dois gravetos molhados.

– Prenda a respiração.

Ela encheu um pequeno balde com água da banheira, despejou no pó, e usou a broca com um longo acessório de metal torcido na ponta como uma batedeira industrial para misturar.

— Creme dental — disse ela.
— Desculpe?
— O reboco precisa estar da consistência de creme dental.
Reboco!
— Certo.
Assim que o "reboco" estava misturado, Mary derramou um pouco no chão. Não se parecia com um creme dental que eu gostaria de usar — era pegajoso e cinza e tinha cheiro de papel molhado. Ela espalhou a massa usando uma espátula dentada que deixava pequenos sulcos. Gostei do ruído tranquilo dos dentes de metal da espátula no contrapiso e de como eles desenhavam suaves redemoinhos no reboco. Mary pegou um ladrilho cor de areia, mais ou menos do tamanho da capa de um disco de vinil, e colocou-o do lado esquerdo da linha central que havíamos riscado. Depois, colocou o segundo ladrilho junto ao primeiro, mas à direita da linha. E então chegou a hora de começar a cortar.

Mary embebeu a esponja grossa na água e a torceu sobre a bandeja que havia na base da serra.

— Para que serve a água?
— As serras de azulejo são de corte úmido.

Balancei a cabeça e percebi que aquilo era tudo o que eu precisava saber. Talvez a fricção da lâmina no ladrilho produzisse chamas.

Mary pegou um lápis e usou um triângulo de metal com uma borda de um lado como régua para desenhar uma linha escura do lado de trás do ladrilho e entregou-o para mim.

Era frio e mais pesado do que eu pensava.

— Certo — eu disse, naquele mesmo tom de "vamos lá, então". Liguei a serra. Com um zumbido molhado, a lâmina começou a girar, cuspindo uma explosão de água fria em meu rosto. Uma lingueta de plástico deveria encobrir a lâmina e reduzir o borrifo de pó e de água, como o para-lama das rodas de uma bicicleta, mas o acessório estava mal fixado, preso com fita adesiva, e era, portanto, inútil. A lâmina lançou uma névoa úmida de água e pó que encharcou dos meus seios até meu umbigo.

– Devagar – disse Mary enquanto media o ladrilho seguinte. E essa foi a única instrução que recebi.

Coloquei o ladrilho na superfície úmida e apontei a linha desenhada a lápis para a lâmina, que não era dentada como as serras que eu conhecia, mas uma superfície suave e circular, parecendo alguns CDs grudados. Eu não acreditava que aquilo cortaria aquele ladrilho duro que estava em minhas mãos.

Mas cortou. Quando a lâmina tocou o ladrilho, o som da serra se alterou. De zumbido molhado para rugido ensurdecedor. A lâmina atingiu a porcelana e entalhou uma linha escura conforme espirrava água e pó. Orientei o ladrilho, as mãos nos cantos e próximas ao corpo, tentando manter a peça em linha reta, em movimento, constante, firme. Mas movi demais e o ladrilho emperrou. O ângulo do corte comprimiu a lâmina, que parou, tremendo e emitindo um ruído que significava *erro*. Olhei para Mary, que continuava no chão, minha expressão de aflita, com uma espécie de ponto de interrogação no rosto. Ela se virou para mim e, sem dizer palavra alguma, fez um gesto com as mãos na frente do corpo: simulando segurar um ladrilho, ela moveu as mãos para trás e para a frente. Aquele gesto significava "retroceder". Para trás e, em seguida, para a frente. Recuei o ladrilho um pouco e a lâmina gaguejou e voltou a girar. Deslizei o ladrilho para a frente, guiando-o em linha reta, mantendo o corte.

A serra rugiu, mas não atinei para o barulho. Não percebi as borrifadas-d'água ou a poeira ou que a parte da frente de minha blusa estava ficando encharcada. Tudo o que eu tinha em mente era a linha desenhada a lápis e os cantos do ladrilho em meus dedos e manter o corte reto. Percebi num determinado momento que eu tinha parado de respirar. Empurrei o ladrilho lentamente até a metade do caminho. O tempo se dilatou, prolongando-se. As partes se soltaram, pingando molhadas com uma minúscula lasca no canto. Desliguei a serra e entreguei o ladrilho cortado para Mary, minhas mãos molhadas e frias.

– Lasquei o canto

– Não faz mal – ela replicou. – Vai ficar escondida debaixo do rodapé.

O alívio me fez lembrar da primeira entrevista que escrevi para o jornal. Meu editor me disse que as perguntas podiam ser feitas na ordem que eu quisesse, que a entrevista publicada não tinha que seguir a ordem da entrevista feita. Como nossa mente é literal quando somos novatos num trabalho. E como é agradável descobrir que nem tudo são pedras e há espaço para errar.

Mary colocou o ladrilho no chão com o lado do corte virado para a parede e o pressionou no reboco cheio de sulcos. Marcou outra peça e me passou. Liguei a serra e limpei o primeiro respingo dos olhos.

E assim seguimos.

Um deles eu cortei muito. Mary o colocou no chão, observou o espaço e disse:

– Muito pequeno.

Depois, reservou aquela peça e marcou outra. Muito grande, então ela me devolveu:

– Só mais um tiquinho.

Mais tarde, levantou e me mostrou um ladrilho com corte desleixado e irregular. A borda estava completamente desigual. Fiquei envergonhada.

– Desculpe. Perdi o controle dessa aí.

Para a curva em volta do vaso sanitário, ela explicou a técnica da tecla de piano para conseguir o arco que a serra não permitiria. Mostrou como fazer cortes em intervalos de mais ou menos um centímetro e meio ao longo da curva de modo que as peças parecessem dentes longos de um sorriso largo. Em seguida, uma batidinha de leve em cada peça usando um martelo, um pedaço de ladrilho ou qualquer outra coisa que se tenha em mãos partiria os dentes e criaria a curva. Todos as irregularidades podem ser acertadas com uma lima. Gostei daquele truque. Era limpo, rápido e prático. As peças de cerâmica faziam um *tac* satisfatório quando se quebravam. Depois, Mary me entregou um ladrilho que não tinha nenhuma marca indicando a linha do corte.

– Quatro polegadas e 11/16 avos – disse ela. Procurei desajeitada no balde uma trena e um dos lápis que eu tinha visto Mary usar. Repeti mentalmente o número: quatro e 11/16 avos. Era o número mais estranho que eu já tinha ouvido. Fantasmas de provas de matemática do ensino médio – geometria, variáveis em equações algébricas – passaram como um raio por minha cabeça. Quatro e 11/16 avos. Aquelas palavras faziam menos sentido a cada vez que eu as repetia, as sílabas dissolvendo-se na pasta úmida e arenosa formada pela mistura do pó de ladrilho com a água.

Coloquei a borda de metal no canto do ladrilho cor de areia e estendi a trena. Mary, ainda de joelhos, virou as costas para mim para assentar outro ladrilho na argamassa. Enquanto ela estava de costas, usei a unha do polegar para contar as pequenas linhas o mais rápido que podia. Um dezesseis avos, 2/16 avos, três…Cheguei a nove.

– Você está *contando*? – ela perguntou, ainda de costas para mim.

Meu rosto corou. Este é o momento em que não consigo o emprego, pensei. Este é o momento em que minha carreira na carpintaria começa e termina. Este é o momento em que ela balança a cabeça e diz: "A garota não sabe nem ler uma maldita trena!". Senti que tinha sido pega na mentira.

Usar um serrote, martelar um prego, empurrar um ladrilho contra uma lâmina que gira embebida em água, essas ações exigiriam prática. Eu sabia disso desde o início, lembrei-me naquela manhã quando ia ao encontro de Mary e enquanto empurrava o ladrilho contra a lâmina da serra. Eu não poderia esperar – ou não poderiam esperar de mim – que eu conseguiria que as ferramentas ou os materiais fizessem imediatamente o que eu queria que elas fizessem. A trena, no entanto... Eu não tinha pensado que, de todas as ferramentas, ela fosse representar o desafio mais difícil.

Essas trenas são ubíquas agora nas caixas de ferramentas e nas gavetas de bagunça. Eu brincava com uma que ficava em uma gaveta da cozinha quando eu era criança: primeiro, eu a prendia na perna de uma cadeira; depois, a estendia no chão; em seguida, a sacudia para que ela ricocheteasse de volta, fazendo o invólucro de plástico pular e virar com o impulso da entrada.

A primeira patente da trena, do tipo que volta para o invólucro de plástico, foi registrada por um cidadão de New Haven chamado Alvin J. Fellows em 1868. Sua principal contribuição para a ferramenta foi o mecanismo que permitia travar a fita em qualquer ponto, uma melhoria útil que era capaz de parar a fita no lugar e impedir que ela voltasse antes de se ter a chance de marcar a medida.

Mas a trena não pegou até os anos 1940. Até então, os carpinteiros usavam réguas de madeira dobráveis. Tínhamos uma que ficava na bancada da garagem. Uma vez, prendi o dedo em suas dobradiças e ainda hoje me lembro da dor.

Porém, independente de ser uma régua dobrável de madeira à moda antiga ou uma trena mais moderna, o problema era o mesmo: todas as minhas habilidades em carregar coisas não iriam desfazer essa deficiência, essa lacuna básica. Eu não entendia nada de carpintaria. Eu sabia ainda menos do que imaginava.

Mary levantou-se do chão e ficou ao meu lado. Então, pegou a trena de minha mão:

– Aqui – ela disse, apontando. – O que é isso?

– Dois e meio.

– E isso?

– Dois e três quartos.

– E isso?

– Dois e um quarto.

Ela moveu o polegar novamente. Um pouco de argamassa tinha secado e grudado em suas juntas. Ela tinha os dedos longos, femininos, fortes.

– Dois e um oitavo?

Ela negou com a cabeça.

– Tente novamente.

Cheguei mais perto para ver melhor e senti o cheiro de cigarro nela.

– Dois e... – As linhas ficaram borradas e me deu um branco. Toquei a mancha úmida em minha blusa.

Mary esperou um pouco mais.

– Me mostre dois e quatro oitavos – disse ela, vindo em meu socorro. Apontei para ela com a unha.

– Agora, o que é isso? – Ela moveu o polegar de volta ao lugar de antes.

– Três oitavos – eu disse. – Dois e três oitavos.

– Muito bem! – exclamou, rindo.

Ela destravou a trena e a deixou retroceder para dentro do invólucro de plástico.

– Quanto é 12/16 avos? – perguntou.

O fato de eu lembrar como reduzir frações foi uma surpresa para mim.

– Três quartos! – Lá estava eu, cheia de orgulho, respondendo a perguntas que um aluno da quarta série saberia com as pernas nas costas. Me senti uma idiota, mas não por causa de Mary. Ela era paciente, mas não condescendente, como se quisesse me fazer entender e não me mostrar o quanto eu não sabia. Ou seja, justamente a característica de um bom professor.

– Três quartos. Certo. E se você se lembra que 12/16 avos são três quartos, então sabe o que é 13/16 avos, 12/16 avos e onze e nove e assim por diante.

Ela me contou sobre um antigo patrão que tivera, Buzz, um perfeccionista de primeira categoria e construtor habilidoso que queria que as coisas medissem exatamente 1/32 de polegada.

– Eu também contava – ela disse. – Prática. Você aprende com a prática.

E eu pratiquei. Naquele dia, repetimos o processo. Ações concretas: primeiro isso, depois aquilo. Medir, marcar, cortar. Os sons da serra, os borrifos-d'água, o ladrilho frio e seco, o ladrilho úmido e cortado, meu corpo posicionado diante da serra, os olhos fixos na linha a lápis e todo o resto – o tempo e a linguagem – desapareceram na concentração, no ato físico de fazer algo.

O jornal me ensinou o que era hábito. Sentada à minha mesa na redação, as pontas dos dedos digitando, clicando, o brilho opaco da tela refletindo na pele pálida de meu rosto, meus olhos vidrados, tudo isso me fazia sentir uma mecanização entorpecente, ação sem pensamento, ação sem sentido, sem propósito. Mas ali, com os ladrilhos, cada ação tinha sua causa, era parte do todo, cada medição tinha um propósito, cada corte. Não havia semiconsciência. Era repetitivo, sim, mas, de alguma forma, não era chato. A sensação que eu estava experimentando naquele dia de teste era de que, mesmo se você cortar milhares de ladrilhos, mesmo se passar um ano usando uma serra de azulejo, ainda assim será preciso prestar atenção. Toda vez. Você vai ganhar velocidade; vai aperfeiçoar o corte – mais reto, menos engasgos da lâmina – mas, ainda assim, terá que se concentrar. A repetição com os ladrilhos demandava presença, uma presença física específica.

– Pausa para fumar – Mary anunciou e saiu para fumar um cigarro na chuva. – Não conte para minha esposa.

Olhei para a seção do piso que tínhamos concluído até aquele momento. A chuva golpeava a janela e tamborilava no telhado acima; passos na escada, e então um velho apareceu. Ele parecia ter uns 100 anos, tinha uma barba branca longa e cabelos brancos compridos, amarrados para trás em um rabo de cavalo que pendia entre as omoplatas como a cauda de algum ente que pertencia à neve. Usava calças claras ligeiramente salpicadas de tinta e uma camiseta branca que pendia de seus ombros como um lençol. Carregava uma lata de tinta e um pincel e trazia um pedaço de lona debaixo do braço. Ficou parado do outro lado do cômodo junto a uma das janelas do sótão.

– É bom ver mulheres trabalhando.

Eu não sabia o que dizer. Seria chato explicar que eu não estava realmente trabalhando, mas apenas fazendo um teste, e que só tinha trabalhado por algumas horas porque não sabia ler uma trena. Seria chato dizer que também era bom ver um velhote de 100 anos trabalhando.

– Obrigada. É bom trabalhar.

Quando Mary voltou de sua pausa para o cigarro, continuamos o trabalho sem muita conversa e terminamos de instalar os ladrilhos. Eles precisavam de uma noite para assentar antes que o rejunte pudesse ser aplicado, de modo que nosso trabalho do dia havia terminado. A combinação de concentração, novidade e de não saber o ritmo do dia tinha feito as horas voarem. E que tortura é ficar sentada a uma mesa, numa tarde de terça-feira, só esperando as horas passarem – porque, no fundo, sabemos que aquelas horas são as únicas que temos. Elas são finitas e vão passar. Uma conhecida minha, certa vez, durante uma festa, foi a um por um dos convidados repetindo a seguinte frase: "Essa é sua vida real, sabia? Essa é sua *vida real*". Uma coisa tão importante para se lembrar e, ainda assim, tão fácil de se esquecer. Gostei de como os ladrilhos ficaram naquele andar.

Arrumamos as ferramentas, recarregamos o furgão, e senti um pouco de calafrios durante a viagem de volta. Eu me perguntava se tinha estragado muitos ladrilhos, se tinha impressionado ao carregar as coisas, se Mary tinha notado quando eu saí da frente de sua luz.

– Está com frio? – ela perguntou.

– Um pouco.

Ela resmungou algo sobre aquecedor e os limpadores de para-brisas.

Quando chegamos à rua de sua casa, agradeci e ela riu.

– Obrigada a você – ela disse, entregando-me setenta dólares em dinheiro. Aquilo era dez dólares por hora e parecia muito dinheiro pelo que eu tinha feito. – Vá tomar um banho quente e tirar o pó de ladrilho dos cabelos. – Passei a mão na cabeça. Meus cabelos estavam úmidos e arenosos, cheios de pó de ladrilho. Agradeci novamente.

– Se cuida – ela disse.

Aquelas eram palavras de despedida, palavras que você diz a alguém que não conhece e que não verá novamente. Fui para casa tremendo de frio e cabisbaixa, sentindo o cansaço nos ossos dos pés por ter ficado em pé o dia todo e a certeza, por causa daquelas duas palavras, de que ela contrataria outra pessoa. *Se cuida.* Fui para a cama cedo e todos os pensamentos ruins voltaram conforme o vento aumentava e a chuva açoitava do lado de fora: arrependimento, trabalho, dinheiro, plano de saúde, solidão, trens perdidos e agendas vazias.

Na manhã seguinte, cinzenta, mas sem chuva, Mary telefonou. Disse que o trabalho era meu, se eu quisesse. Respondi que queria.

2

MARTELO

Sobre a força do golpe

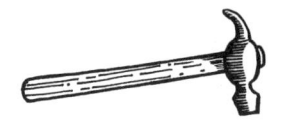

Um dia depois de Mary me dar o emprego, fui à sua oficina, que ficava no porão de sua casa.

– Bem-vinda ao país das maravilhas – ela disse.

Com a superfície rachada, manchada de tinta e respingada de cola seca de madeira, uma mesa de pingue-pongue duplicava o espaço de trabalho. Latas de tinta sujas, muitas delas com as tampas corroídas pela ferrugem, empilhavam-se logo abaixo de uma pequena janela que jogava luz nas partículas de pó orbitando as teias de aranha que ornamentavam as alças. Emaranhados de fios pendiam de canos e vigas do teto. Embaixo de canecas que guardavam o mofo branco de cafés esquecidos, pacotes de lixas redondas, caixas velhas de parafusos de *drywall* e um estojo vazio de uma serra cujo nome eu desconhecia, havia uma bancada. Ferramentas raramente usadas – pelo menos era isso o que a camada de poeira sobre suas alças e lâminas sugeria – penduravam-se em uma *pegboard* ao lado de serras, chaves de fenda compridas e um rolo de fita azul para pintura. Grampos estranhos com prensadores de madeira separados por hastes de metal apoiavam-se no canto da *pegboard*; no teto, uma lâmpada pendia exposta, acoplada a um sistema de detecção de movimento que apagava a luz depois de algum tempo de imobilidade, o que obrigava Mary e eu a ficarmos agitando os braços feito tontas para fazê-la voltar a acender.

Em meio àquela confusão, havia muito potencial, muitas possibilidades – todas aquelas ferramentas, cada uma delas com um nome e um uso próprio, cada uma delas com sua força específica. Que força! Construiríamos paredes e casas e mundos inteiros! Tire aquelas canecas de café, divida a mesa de pingue-pongue, pegue aquelas ferramentas e construa!

– Você já passou rejunte? – Mary perguntou enquanto mexia numa caixa.

– Não.

– Prepare-se para passar rejunte.

O zumbido e o estrondo do trabalho continuava na casa da arquiteta. Mary despejou dentro de um balde limpo o pó de argamassa marrom-escuro que estava na vasilha parecida com uma grande caixa de leite. Ela não me mandou prender a respiração dessa vez, mas eu, em todo caso, prendi. Ela acrescentou um pouco de água e misturou.

– O rejunte pode ser um pouco mais fino do que o reboco – disse ela, tirando o misturador da gosma e observando a massa cair, da mesma forma como puxamos para cima as pás da batedeira para verificar o ponto das claras em neve. Ela me passou uma ferramenta com um cabo de plástico e uma base plana, parecida com uma escova, mas com a base de borracha branca e lisa no lugar em que ficariam as cerdas. Mary chamou aquilo de plaina. Que belo nome para uma ferramenta, pensei. Invocava imagens de ondas e de pequenos barcos e do peso de meu corpo entregue à água. E desencadeou uma lembrança antiga de meu pai levando meu irmão Will e eu para pescar na praia – não tinha uma coisa que se chamava flutuador e que fazia a isca plainar na água? Meu pai arremessava a isca de modo que o gancho voasse sobre as ondas e, depois, puxava o mais rápido que podia para que a isca brilhante deslizasse rápido como um peixe pelas ondas e chamasse a atenção das anchovas. "Algumas pessoas passam a vida inteira sem ver o mar", lembro de ele nos dizer quando, à noite, guardávamos os equipamentos de pescaria na praia, colocando de volta em sua caixa de pesca toda organizada os anzóis e as iscas com cores vivas, penas, caudas brilhantes e ganchos afiados.

– Você entendeu o conceito básico, certo? – perguntou Mary.
– Acho que sim.
– Colocar o rejunte entre os ladrilhos.

Despejamos a argamassa no chão e começamos a espalhá-la entre os espaços com a plaina. Mary movia-se com naturalidade e destreza, pressionava a plaina nas valetas entre os ladrilhos, indo na diagonal, primeiro em uma direção, depois em outra. Eu me movia desajeitada, tentando juntar com a borda de minha plaina a argamassa dentro dos sulcos.

– Mover pra frente e pra trás deixa o rejunte mais regular – disse ela. Tentei adotar a técnica. – A gente não quer que forme bolhas. E, quanto mais argamassa pegar no ladrilho, mais sujeira teremos que limpar.

E como os ladrilhos pareciam melhores depois que os espaços entre eles estavam preenchidos, formavam linhas regulares como as do mapa de uma cidade.

– Antes eu conseguia fazer isso sem usar joelheiras – disse Mary. – Elas estão incomodando você?

Não estavam.

– Estou ficando velha. – Ela falou do joelho de empregada doméstica, uma expressão que eu nunca tinha ouvido. Conhecida como joelho de empregada doméstica ou bursite pré-patelar, trata-se de um problema no qual as bolsas cheias de fluidos que temos na frente da rótula inflamam. Atinge pessoas que passam muito tempo ajoelhadas, Cinderelas e limpadores de pisos e rejuntadores.

Terminamos o piso, polimos os ladrilhos com trapos de camisetas e Mary me passou o pé de cabra.

– Tire os degraus de escada do porão.

Parei em pé diante das escadas do porão com o pé de cabra na mão. O ar cavernoso e gelado subia e trazia consigo aquele odor úmido de tijolos, aquele cheiro de porão. Eu esperava que o que eu estava prestes a fazer era o que Mary tinha em mente. Enfiei a barra de ferro – mais grossa e mais longa do que o pequeno pé de cabra que Mary usara para remover a soleira – debaixo do piso do degrau da escada. Empurrei, levantei e puxei, sentindo a casca do bordo subir e estalar com meus esforços e o som do lamento de um prego se soltando da madeira. Eu não acreditava na força daquela barra de ferro. Tirei um degrau, depois outro, e então outro, pedaços surrados de madeira escura, desbotados e lascados onde pés tinham pisado incessantemente, para cima e para baixo. Eu grunhia e suava. Na metade da tarefa, orgulhosa do trabalho rápido, percorri com o olhar o porão abaixo. Encostada na parede oposta, havia uma longa bancada com um velho torno vermelho afixado numa extremidade.

Aquilo me lembrou a oficina no porão de meu pai. Ele esculpia chamarizes lá e o lugar era repleto de ferramentas. Uma serra de mesa, uma serra de fita, serrotes. Lixas, cinzéis, limas. Uma ferramenta surrada com lâmina afiada que se parecia com uma foice em escala menor. Eu não sabia o nome da maioria das coisas. Usando ferramentas com cabos de madeira ele esculpia aves (batuíras-melodiosas, maçaricos, patos de madeira, aves limícolas com bicos longos e arqueados e pernas finas). E ele as pintava, algumas detalhadamente, outras de forma rústica, como na tradição da arte popular. Depois, colava olhos de vidro realistas na madeira. As aves ficavam sobre pernas parafusadas que meu pai montava em troncos recolhidos nas praias. Os patos tinham o corpo oco e flutuavam se a gente os colocasse num lago ou num rio para atrair patos de verdade e atirar neles. Mas os que meu pai fazia nunca eram usados para caça. As aves que ele fazia eram belas, as formas arredondadas de seus corpos e bicos, os olhos brilhantes, as penas, algumas pardas e manchadas, outras de um verde tão escuro que chegavam quase as ser negras.

Quando eu era jovem, nunca dei muita atenção ao processo de feitura, à forma como um bloco de madeira, quadrado e cru, transformava-se em outra coisa. Meu pai ia até o porão e, depois de um tempo, surgia com um par de maçaricos ou um pato. Eles eram dados de presente de casamento, de aniversário. Alguns ficavam nas cornijas e nas prateleiras de nossa casa. Tenho uma pequena garça azul de mais ou menos 15 centímetros de altura, sem pintura, que fica numa prateleira perto de uma janela no apartamento apertado que divido com meu namorado Jonah, em Cambridge, não muito longe do Charles River. Meu pai me deu essa garça anos atrás com a promessa de um dia me dar uma em tamanho real. A única ferramenta que me interessava lá em sua oficina era uma caneta elétrica que esquentava tanto que era possível gravar letras escuras na madeira. Coloquei minhas iniciais na bancada e em pedaços de madeira. Quando ele e minha mãe se separaram, todas as ferramentas foram levadas para um depósito.

Voltei-me para os degraus que estava desmontando e, quando olhei para cima, deparei-me com Connie, a proprietária da casa, a arquiteta em pessoa, quarenta e poucos anos, roupas bem cuidadas e um corte de cabelo angular. Ela estava no topo da escada, olhando de volta para mim, um caderno na mão, um lápis atrás da orelha.

– Olá – disse ela, com um tom que expressava: "eu deveria te conhecer?".

Olhei para a escada – a escada *dela* do porão *dela*. Desprovida dos degraus, ela era apenas uma estrutura com buracos escuros, o que dificultava a descida. Um lampejo de pânico e dúvida me tomou de repente. Será que são esses degraus mesmo? Será que eu acabei de desmontar a escada errada? Será que ela precisa descer até aqui? E lá estava eu, uma estranha destruindo a casa dela com um pé de cabra. Olhei para cima com um sorriso aflito no rosto.

– Eu só estou...

– Tudo bem. – Ela olhou para a direita, na direção da cozinha, e algo chamou sua atenção. – Cuidado – ela disse para alguém lá dentro. – Ei, ei, cuidado, cuidado com os armários. – E ela se afastou da escada, com os golpes surdos dos saltos de suas botas martelando a madeira.

Respirei fundo algumas vezes e esperei para ver se ela voltava. Ela não voltou e eu continuei a destruir suas escadas, degrau por degrau. Mary apareceu quando eu estava quase terminando, arrancando já as tábuas rachadas perto da porta do porão. Ela olhou para baixo e acenou com a cabeça.

– O pé de cabra é maravilhoso – eu disse, não deixando transparecer minha dúvida com relação ao trabalho. – Me sinto a Mulher-Maravilha.

– Que bom – Mary respondeu. – Da próxima vez, comece pelo fim e vá subindo.

Olhei para cima e percebi que eu teria que dar um jeito de subir as escadas agora sem degrau.

◆

No terceiro dia, a caminho do trabalho, Mary mencionou que Connie, a arquiteta, tinha perguntado sobre mim. Mary explicara que eu era jornalista e tinha acabado de começar a trabalhar com ela. A arquiteta dissera: "Foi o que pensei". Fiquei me perguntando como ela sabia.

Naquela tarde, Mary e eu fomos trabalhar no banheiro da suíte. Recostei na beirada da banheira e fiquei observando como Mary, agachada e curvada sobre a área molhada do box, mostrava como dimensionar a inclinação de escoamento. Ela despejou cimento na área e foi alisando com uma espátula. Uma massa grossa, sem relevos ou bolhas, oblíqua na medida exata para que toda a água escorresse na direção do ralo. Deslizou a ferramenta sobre o cimento molhado e macio, um movimento constante e estável. Batida após batida, ela encobriu toda a superfície com cimento. Era fascinante. Aquilo me fez pensar no prazer de ver minha melhor amiga cozinhar quando morávamos juntas em nossos vinte e poucos anos, a maneira como ela picava e mexia, movendo-se entre a bancada e o fogão. É agradável ver alguém que sabe usar as ferramentas, testemunhar a habilidade e a indiferença com que lidam com coisas básicas. Meus olhos acompanhavam, encantados, os movimentos de Mary.

Connie, a arquiteta, apareceu na porta.

– Fiquei sabendo de sua vida secreta.

Arrepiei e ruborizei, arrebatada de meu transe. O comentário tinha uma ponta de acusação, de cobrança implícita: você é culpada por mentir.

– Não é bem um segredo.

– Você tinha uma área específica?

– Escrevia principalmente sobre livros.

Ela levantou uma sobrancelha de uma forma que mostrava surpresa e aprovação. Eu tinha ciência do balde de ferramentas em meus pés, do jeans sujo que eu estava usando pelo terceiro dia seguido, de Mary agachada plainando o cimento.

– Ficção ou não ficção? – ela perguntou. E depois pediu dicas de alguma coisa atual. Listei alguns livros e comecei a dizer o que gostava neles.

– Recentemente foi lançada uma coleção magnífica de contos. O autor mescla realidade e fantasia de uma forma extraor-

dinária, então, estamos lendo a história de um casal infeliz que leva uma vida comum e, de repente, aparece o Pé Grande ou o Monstro do Lago Ness. Muito lírico e excelente e...
— Me passa a esponja — disse Mary.
Parei, o rosto ruborizado e o coração disparado, e vasculhei no balde. Não sei se Mary estava tentando me lembrar de onde eu deveria concentrar minha atenção ou se ela realmente precisava da esponja, mas o fato é que eu entendi. Passei a esponja e voltei a observá-la em silêncio. A arquiteta saiu e foi até outro grupo de trabalhadores, em outra parte da casa, e eu recostei de novo na beirada da banheira e me concentrei de novo em aprender como fazer a água ir em direção ao ralo.

◆

A primavera deu lugar ao verão, e Mary e eu íamos de serviço em serviço. Fizemos armários embutidos para uma cozinha em Dorchester; derrubamos uma parede, corrigimos os armários e consertamos o teto em uma reforma completa de um imóvel recém-comprado em Jamaica Plain. Instalamos guarnições e pintamos, pintamos e pintamos para uma sulista que vivia em Cambridge. ("Ah, caramba, acho que quero branco *gelo* em vez de branco *neve*. Vocês poderiam refazer o hall de entrada, o quarto de hóspedes e a sala de estar?"). E refizemos um banheiro para uma avó viúva que tinha dezenas de estátuas de girafa decorando sua quitinete em Somerville.

Fui aprendendo aos poucos, habilidade após habilidade, conforme o trabalho exigia.

Fiquei encantada com a variedade das coisas que estávamos fazendo, com a velocidade com que passávamos de um trabalho para o outro. Mary, porém, estava frustrada. Ela lamentava a conjuntura econômica — ninguém tinha dinheiro para grandes projetos, de modo que ela era forçada a aceitar vários trabalhos e bicos de reparos em vez de pegar um trabalho de carpintaria maior e mais lucrativo, que era o que ela gostava e sabia fazer. Um dia de trabalho aqui, alguns dias ali, dez dias acolá e, depois, rumo ao próximo. Aqui está o *deck* de seu quintal, suas novas janelas, sua parede. Mary falava com saudade de reformas de apartamentos inteiros, cozinhas refeitas do teto ao chão, um trabalho que nos manteria em um mesmo lugar por seis, oito semanas.

Durante os intervalos enfadonhos entre uma mão de tinta e outra, Mary e eu às vezes passávamos de 1 a 2 horas sem trocar nenhuma palavra. Era um silêncio confortável que convinha a nós duas – acho que ambas estávamos gratas por não sentir a pressão de ter que preencher o tempo com conversas vazias. Ela pintava com o rolo, eu fazia os recortes com o pincel nas bordas dos rodapés e nos cantos, onde as paredes encontram o teto. A frase "Viva o trabalho" surgiu em meus pensamentos, alguma espécie de mantra popular que eu ouvira em algum lugar. Eu tentava me perder no fluxo do branco gelo saindo da lata de tinta que parecia uma banheira de *milk-shake* de baunilha, passava para as cerdas do pincel e então ia parar na parede. A alça de madeira de pincel na mão, a transferência da tinta encorpada, espessa e lisa, um brilho de seda que secava a cada oscilação, revestindo a parede.

Outras vezes, conversávamos sem parar.

– Sabe aquele anúncio que coloquei no *Craigslist*? Recebi trezentas respostas. Trezentas. – Essa não era a primeira vez que ela mencionava isso. – Você acredita? Em menos de 24 horas. Recebi *e-mails* de caras com vinte anos de experiência. – Ela deslizou o rolo na bandeja. – Sinal dos tempos.

Depois, falou sobre sua filha, Maia, que estava deixando para trás os anos de moleca e começando a colar nas paredes pôsteres de garotos bonitos de *boy bands*.

– Com certeza o tempo passa bem mais rápido quando a gente tem filhos.
– Como assim?
– Você fica bem mais consciente de quanto tempo ainda tem.

Maia é filha biológica de Emily, a companheira de Mary, com o amigo delas, Henry, que mora com o marido no andar de baixo da casa dúplex delas em Winter Hill. Quatro pais, uma família, um lar.

– Você conhece outras famílias como a sua? – perguntei.
– Acho que não.
– Deve haver muito amor.
– Não consigo imaginar como as pessoas conseguem fazer isso só a dois – ela ponderou.

Os cinco moravam juntos na mesma casa. Quando compraram o lugar onde vivem agora, uma casa dividida em duas, uma em cada andar, Maia chamou aquilo de divórcio.

Emily, a companheira de Mary, é assistente social. Tem um sorriso radiante e tatuagens de guindastes e heras nos ombros. Dá aulas de ginástica e participa de competições de triátlon. Elas estão juntas há mais de vinte anos e, quando falavam ao telefone, a voz de Mary mudava de tom, tomada por delicadeza e carinho. "Oi, querida. Amo você." Era bom ver aquilo, aquela mulher forte com tinta nos cabelos e segurando um prego entre os dentes sendo tão meiga e carinhosa, mesmo depois de tantos anos juntas.

Mary é 13 anos mais velha do que eu, um bom tempo – não velha o bastante para parecer minha mãe e não jovem o bastante para parecer uma colega. Sem se esforçar, sem mostrar qualquer tipo de superioridade ou condescendência, daquele seu jeito natural, ela proporciona a sensação de *você pode aprender comigo*. Ela não tinha tudo aquilo calculado, nem pretendia ter, e isso também fazia dela o tipo ideal de professor, aquele que também ainda está aprendendo.

Mas nossas conversas muitas vezes voltavam a seu desejo de ter trabalhos maiores.

— Quero algo em que eu possa mergulhar de cabeça de novo — ela disse enquanto passava o rolo de pintura numa parede onde havia uma janela com vista para uma ruazinha lateral. — Essa merda adolescente... — Era como ela chamava trabalhos amadores. — Isso está me fazendo perder a cabeça. Eu não. Minha cabeça estava sistematicamente sendo inflada.

Passamos uma semana construindo um *deck* em uma rua sem saída em Somerville. Depois de demolir o que já existia, que estava bambo e podre, cavamos quatro buracos com uma cavadeira, uma ferramenta parecida com uma pá dupla, com dois cabos longos, como um pegador de salada enorme, que a gente enfia na terra. Uma vez lá dentro, é hora de puxar os cabos para juntar as pás e prender a terra, que é então retirada do buraco e empilhada ao lado. Esse trabalho demorou horas e me deu dor nos ombros. Cada buraco tinha que ter 1,5 metro de profundidade, o que é bastante, uma profundidade que faz a agente pensar em caixões. Um metro e meio é a profundidade padrão usada na região nordeste para apoiar uma estrutura como um *deck*, pois ultrapassa a linha de congelamento, Mary explicou. No inverno, o solo congela a partir da superfície. As baixas temperaturas penetram no solo, da mesma forma como, em determinados dias de fevereiro, o frio parece atravessar a superfície de nossa pele e ir enterrar-se em nossa corrente sanguínea e em nossos ossos. Conforme a água do solo se transforma em gelo, ela se expande debaixo da terra e pressiona tudo para cima com uma força magnífica. Dezenas de milhares de quilos por centímetro podem mudar um poste, uma viga, um prédio. Quando chega a primavera e você vê uma estaca de cerca que emergiu da terra, diferente das outras, o que aconteceu foi uma elevação. O congelamento faz o que está sob a superfície se mover e se elevar, como o peito subindo quando inspiramos fundo e enchemos os pulmões de ar. Por isso é importante cavar os buracos abaixo da linha de congelamento. Eu não sabia de nada disso, jamais havia pensado na relação da terra, da água e do frio com pilares de um *deck* ou estacas de uma cerca, nem havia passado pela minha cabeça toda a ação que de desenrola debaixo da superfície, essa coisa que nunca vemos.

Comecei a prestar atenção nos pilares e nos *decks* e nas varandas em todos os lugares a que eu ia. Procurava o tom esverdeado da madeira tratada, que costumava ser embebida em arsênico e outros produtos químicos para repelir a água e evitar o apodrecimento. Quando Mary me falou sobre o arsênio, comecei a prender a respiração enquanto cortava a madeira para fazer o *deck* em que trabalhávamos. A madeira tratada é mais pesada do que a normal e tem uma estranha umidade, fria ao toque. Em meu mundinho de antes, eu via *decks* por toda parte, com vasos de gerânios e samambaias penduradas. Pisca-piscas brilhantes de Natal entrelaçavam-se nas grades, bicicletas recostavam-se presas aos parapeitos, almofadas impermeáveis suavizavam os assentos ali dispostos. *Decks* por toda parte, cada um deles feito com uma madeira que tinha sido medida e cortada por alguém. E agora nós estávamos construindo um.

Era como estar na primeira fila em um desfile de coisas que eu dava como certas. Escadas, por exemplo. Úteis para se mover entre os andares, para se chegar até a porta da frente, para descer até uma estação de metrô e pegar um trem para outra parte da cidade. O fato é que códigos regulam sua altura e profundidade. Todos nós conhecemos a sensação de subir um lance de escada mais íngreme do que o anterior, de bater o dedão do pé em degraus estreitos ou, pior ainda, na descida, seguir em frente com a expectativa de que uma coisa sólida vai estar lá a sua espera, vai suportar seu peso – e a desilusão quando essa coisa *não* está lá, exatamente onde esperávamos que estivesse, mas um pouco além. Ou quando ela chega antes do esperado, aparece cedo demais e causa um choque que atravessa o tornozelo e sobe para o joelho com uma vibração por conta do impacto inesperado. Todos nós já sentimos aquela sensação de queda quando estamos quase adormecendo, a impressão de mergulhar no vazio e a tentativa brusca de segurar nos lençóis um segundo antes de despertar, o coração em disparada. A memória muscular se forma rapidamente – nossos ossos sabem onde o próximo degrau deve estar – e é importante que os degraus respondam a essas expectativas. As regras para a construção de escadas remontam a muito, muito tempo atrás.

Em *De Architectura libri decem*, um tratado em dez volumes escrito no século I a.C. que versa sobre arquitetura – e astronomia e anatomia e matemática e cor ("Devo agora começar a falar da cor púrpura, que suplanta todas as cores que foram mencionadas até o momento, tanto no que diz respeito à suntuosidade quanto à superioridade de seu efeito deleitoso") –, o autor, Vitrúvio, propõe o seguinte: "A altura dos degraus deve, calculo, limitar-se a não mais do que 25 centímetros e não menos do que 22 centímetros , pois assim a subida não será difícil. Os pisos dos degraus não devem ter menos do que 30 centímetros e não mais do que 35 centímetros". No século XIII, o arquiteto francês Jacques-François Blondel sugeriu em seu *Cours d'Architecture* que o comprimento de um passo deveria determinar a relação entre a subida e o passo, ou seja, a relação entre a altura e a largura do degrau. Construtores americanos posteriormente usaram uma aproximação bastante útil: a soma da altura e da largura deve resultar em aproximadamente 44 centímetros. Assim, o degrau de uma escada, o lugar onde colocamos nosso pé, dever ter no mínimo 23 centímetros e a variação máxima entre um degrau e outro não pode ser maior que 5 milímetros.

Olhando para o *deck* e para a estrutura das escadas, agradeci o fato de que seria Mary quem faria os cálculos para chegar à relação entre altura e largura do degrau. Só essa expressão, "relação entre altura e largura" já era suficiente para despertar em mim os fantasmas adormecidos das aulas de geometria da escola, meu eu carrancudo repetindo o tempo todo em minha mente o mantra: "Nunca vou precisar disso" – uma racionalização para minha falta de esforço e habilidade. Mary definiu a altura entre os degraus e a largura dos pisos e quantos degraus precisaríamos para descer da plataforma na altura da porta dos fundos até o quintal. Cortei pranchas para os pisos e para os espelhos dos degraus e mal podia acreditar no que estava acontecendo. Há três dias, se o dono da casa tivesse saído pela porta dos fundos, ele teria caído e talvez rachado o crânio num dos pilares do *deck*. Agora, havia uma plataforma e sete degraus que levavam com segurança até o chão. Não tínhamos construído as pirâmides do Egito ou o Parthenon, mas aquilo era algo considerável. Quando fixamos o último capitel, testei a escada, sorrindo, indo do quintal até a porta, subindo aqueles sete degraus. Dei passos pesados, testei sua resistência.

– Posso pular? – perguntei a Mary.

– Divirta-se – ela respondeu.

E então eu pulei na plataforma. Sólida. Nenhum balanço. A estrutura aguentou meu peso. Mary subiu e agarrou o parapeito e o puxou.

– Bem resistente.

Tínhamos construído um caminho que levava de uma porta até o chão, uma passagem e um lugar para fazer uma pausa, empilhar mantimentos, tirar a neve das botas antes de entrar. Que coisa!

De lá, fomos para o próximo trabalho e então para o seguinte. E cada um deles, ao longo dos meses, ajudava a abrir mais e mais as cortinas que antes obscureciam o mundo físico ao meu redor. Agora, havia *halls* de entradas, prateleiras e paredes. Madeira, vidro, gesso, tinta. A consciência, aquela nova percepção, tinha um efeito intenso na forma como eu sentia meu próprio corpo e meu lugar no mundo. Eu não era apenas meu próprio saco de carne humana habitando um espaço mental: havia paredes à minha volta e havia soleiras; havia janelas que permitem a entrada da luz e do som, do ruído do tráfego e da chuva; vidraças que mostram as sombras enquanto o sol descreve sua curva no céu. Agora eu sabia com quantos pedaços de madeira se enquadra uma janela e uma porta, e sabia como esses pedaços eram unidos. Nada disso tinha me ocorrido antes porque antes eu não tinha oportunidade para pensar nessas coisas; agora, porém, a cada dia de trabalho, a cada nova tarefa realizada, essas coisas eram marteladas em minha mente.

É verdade o que dizem sobre as viagens, que vemos muito mais quando estamos longe do que conhecemos. Fora de casa, percebemos as sombras, os pássaros e sirenes, a mudança da cor do céu, o detalhe de um determinado telhado, a forma como uma escada desce em direção à margem do rio. E observamos a cor dos esquilos escalando uma árvore, o som de galinhas cacarejando na estrada, o cheiro de lixo queimado, da maré baixa, do pão recém-saído do forno. O familiar nos cega. As sirenes, os cheiros, os telhados e o céu, todos eles estão lá também no lugar que conhecemos melhor. Em casa, a consciência e a vigilância requerem o esforço da atenção. O trabalho de carpintaria, naqueles primeiros estágios, era como estar em uma cidade desconhecida. Tudo aquilo era novidade, o estranhamento do que me era mais familiar: os armários da cozinha, a porta do meu quarto, os azulejos do banheiro.

◆

Quando tínhamos uma folga, alguns dias entre um trabalho e outro, às vezes passávamos o dia trabalhando na casa de Mary, que vivia em um estado constante de projetos pela metade e listas quilométricas de afazeres. Um cômodo ou outro sempre estava sendo reformado. Numa manhã, começamos a demolir a chaminé. Os caras da demolição chegaram às 9 horas e 15 minutos.

– Esses caras são outro nível – Mary disse enquanto eles estacionavam.

Havia ameaça de chuva e ventava forte. Os caras desceram da carroceria do enorme caminhão. Os três, dois jovens e o chefe, mais velho, examinaram a chaminé, as cabeças atiradas para trás, os olhos voltados para o telhado. Aquela coisa atravessava a casa toda, desde o porão até o sótão no terceiro andar, e precisava desaparecer. Dentro da casa, uma parede precisaria ser derrubada, três outras precisariam ser descascadas até as vigas e um forro precisaria ser colocado abaixo. Aqueles homens estavam lá para fazer isso.

– Certo, rapazes, mãos à obra – disse o líder, uma lenda na área, um deus da demolição. Ele tinha cabelos encaracolados e bigode *handlebar**. Sua barriga grande parecia dura, e seus dedos eram grossos e sujos. Cicatrizes, cortes e cascas, algumas rosadas, outras vermelhas já quase negras, marcavam e esburacavam a pele de suas panturrilhas e canelas como frutas secas escuras. Ele falava rápido e, quando ria –, o que acontecia com frequência e de forma inesperada –, ofegava e seus olhos se mexiam velozes.

Seus dois filhos trabalhavam com ele. O filho Um, que devia ter por volta de 20 anos, não se parecia em nada com o pai. Era esquelético, ombros estreitos, costas pequenas, as calças caindo no traseiro que ele não tinha. Mary contou que, em certa ocasião, depois de terminar uma demolição que levara um dia todo, ele fizera flexões de um braço só ao lado do caminhão. Grandes olhos azuis e cachos loiros pairavam sobre o rosto barbado. Ele parecia um cantor de *folk* ou um guru. E

---

* NT.: estilo de bigode cujo formato lembra um guidão de bicicleta.

quando subiu no telhado, a marreta pendurada no ombro, parecia uma espécie de deus do trovão, um Thor mais magro. Eu não conseguia tirar os olhos dele.

O filho Dois, um pouco mais velho, parecia mais humano, como aqueles caras durões que a gente vê nos filmes de adolescentes na escola. Era mais parecido com o pai, só que com uma barriga menor, o rosto sujo e bochechas rechonchudas que deixavam seus olhos menores. Usava boina e uma calça roxa de moletom. Mary contou sobre a vez em que ele havia bebido uma caixa de cerveja e, acidentalmente, atirado na própria mão.

Eles não usavam máscaras para trabalhar. E não usavam luvas. Fiquei preocupada com a segurança deles. A porcaria que eles despedaçaram e arremessavam, a poeira que subia, os cacos de tijolo e cimento velho, os pedaços do isolamento, o gesso antigo, a ferrugem e o mofo, tudo isso entrava em seus pulmões, caía na corrente sanguínea quando era quebrado. Eu imaginava a sinfonia de tosses que seria na casa deles naquela noite.

O filho Um e o filho Dois caminhavam descalços nas telhas, revezando-se no trabalho de esmagar os tijolos com marretas. Atiravam os detritos do telhado para dentro da carroceria do caminhão. Tijolos voaram para baixo com caudas de escombros. E o som dos tijolos batendo na carroceria do caminhão, uma pancada metalizada, ecoava pelo quarteirão.

O pai, que era o chefe, contava sobre outros trabalhos que fizera enquanto seus filhos trabalhavam. No inverno, como vários outros também faziam, ele fixava um arado na frente de sua picape e limpava a neve das calçadas. Tinha setenta casas em sua lista, lugares dos quais tirava a neve havia vinte anos, cem dólares por uma entrada de garagem. Isso dá sete mil dólares por nevasca e, considerando que temos uma média de dez nevascas por inverno, é bastante dinheiro por dez longas noites de inverno. E ele falou de um trabalho de demolição que fizera no mês anterior, um prédio onde moravam seis famílias, em Cambridge. Os três demoliram o interior do lugar, tirando de lá 7 toneladas de entulho por dia durante dez dias. O trabalho lhes rendeu 15 mil dólares.

– Mas nada disso é tão difícil quanto pescar – disse ele. E depois contou sobre o período que passou no início dos anos 80 em um barco de pesca em Scituate, uma cidade litorânea a 40 quilômetros ao sul de Boston. Eles pescavam tubarões para vender para os ingleses prepararem o clássico *fish and chips*, filé de peixe e batatas fritas As redes tinham o comprimento de trinta campos de futebol, ele explicou, e submergiam 100 metros no mar.

– Você nunca sabia o que ia vir naquelas redes – comentou. – Âncoras velhas, pedaços de navios, enguias com dentes humanos e peixes deste tamanho a cada 60 centímetros da rede – dizia, mostrando com as mãos grossas quase 1 metro. – A cada 60 centímetros de uma rede que tinha o tamanho de trinta campos de futebol! – repetiu, com uma risada rouca, os olhos arregalados.

Ele falou sobre dirigir caminhões de carga, entregar Pepsi, bananas. Falou sobre o porco que tinha, como teve que matá--lo no último novembro. O animal ficou com feridas por causa do frio, e um dos cascos explodiu e ficou parecendo uma cesta de basquete. O carpinteiro comeu uns pedaços do porco e queimou grande parte do resto em uma fogueira feita próxima à sua casa. Explicou que três vezes por ano realizava um bazar gigante no quintal. Arrumava mesas e as enchia com os tesouros que coletara em seus anos de trabalho de demolição.

– Você nunca sabe com o que vai se deparar!

Até agora, atrás de paredes e debaixo dos pisos, Mary e eu tínhamos encontrado algumas bolinhas de gude, uma placa de carro da cidade de Nova York, jornais dos primeiros anos do século XX, soldadinhos verdes de plástico, um pé de patins de gelo de uma menina, laços amarrados em um arco. Eram coisas estranhas de se encontrar dentro de paredes e debaixo de tábuas. Imagino uma garotinha, um pé sem o patins de gelo, uma perna deslizando, a outra arrastando as meias sobre uma lagoa congelada. Ou crianças sentadas no topo da escada, deixando bolinhas de gude cair dentro da nova parede que dará lugar ao quarto de outro irmão ou irmã.

Num raro intervalo na enxurrada da fala do homem, perguntei-lhe se ele tinha outros filhos além daqueles dois. Ele falou de um mais novo, "um gênio, que até ganhou um prêmio da prefeitura", mas que, quando entrou no ensino médio, algo deu errado e ele acabou tendo de passar um tempo num hospital psiquiátrico.

– Como eu disse, você nunca sabe com o que vai se deparar.
– E ele riu novamente, mas aquela não era realmente uma risada.

Suas palavras ecoavam aquelas que ouvi de minha mãe. Com a intenção de compartilhar sua sabedoria, ela me advertia desde os meus 18 anos sobre ter filhos. "Você nunca sabe com o que vai se deparar", ela disse repetidas vezes ao longo dos anos. O homem da demolição disse isso se referindo ao lixo e ao tesouro atrás das paredes, às enguias com dentes humanos, a um filho em um hospital psiquiátrico. Minha mãe disse: "Você pode acabar com um monstro".

Os rapazes não demoraram muito para terminar o trabalho na chaminé. A estrutura toda, que tinha estado lá há um século, desapareceu em menos de 1 hora. Agora havia uma coluna oca atravessando o centro da casa; era como se alguém tivesse entrado em sua garganta e lhe extraído o esôfago.

Eles passaram para a parede e para o teto da sala de jantar no primeiro andar. Fendas e golpes, marretadas nas paredes, pés de cabra socados entre o gesso e os parafusos, e uma a uma as partes da casa foram caindo no chão. A poeira grossa começou a sair pelas janelas e a ganhar o céu lá fora. Os braços finos do filho um estendiam-se vez ou outra, jogando partes do cômodo no chão do lado de fora da janela, braços sem corpo atirando a casa pela janela. Ele apoiou o quadril no peitoril da janela e inclinou o corpo para fora para jogar um saco de entulho particularmente pesado. Olhou para mim, ou em minha direção pelo menos, com aqueles olhos inexpressivos. Acenei de leve e ele voltou para dentro sem sequer dar um sorriso. Vieram em seguida sacos de lixo cheios de gesso e ripas, descartados separadamente, as ripas em sacos organizados, os cantos irregulares de fragmentos pesados de gesso esticando o plástico como um *alien* tentando sair de um estranho ventre negro.

A pilha de madeira e de sacos cresceu rapidamente do lado de fora da janela. Os braços dos rapazes, quando se estendiam para fora para dispensar uma carga qualquer, estavam marrons, cobertos de pó. Os sons da demolição ficaram mais altos lá dentro quando eles chegaram ao teto.

Era perturbador, o ruído e o pó e as partes da casa saindo pela janela. A demolição aconteceu rápido. O tempo e a umidade corriam de uma forma muito arrastada para se notar, forte como marretas, mas bem mais lentamente. Não deveria ser tão rápido demolir uma casa. Deveria precisar de mais do que dois irmãos e quatro ferramentas e um rolo de sacos de lixo. O fato é que não é preciso nem mesmo isso tudo. O cômodo tal como era, com quatro paredes e um teto, não existia mais. O esôfago fora primeiro; em seguida, uma câmara do coração. No lugar onde existia uma parede, restavam agora algumas vigas grossas e dois cômodos se transformaram em um: a cozinha sangrando no que antes era a sala de jantar.

O resto do lugar era só pregos e buracos, madeira escura, bruta, pequenos montes de um chumaço cinza, que antes fora o isolamento, se acumulavam agora nos cantos do chão. Um esqueleto de cômodo. E aquilo tinha acontecido tão rápido. Uma coisa real e durável desfeita antes do meio-dia.

Tal é a mutabilidade de um cômodo; tal é a força de um grande martelo.

◆

Em uma casinha localizada a 145 quilômetros ao norte de Juneau, capital do Alasca, funciona o Museu do Martelo, onde estão expostos mais de 1.500 martelos diferentes. É lá também que você pode comprar uma camiseta com a famosa frase *I got hammered in haines*, Alaska, gíria que significa ficar completamente bêbado e faz a analogia com a imagem de se levar uma martelada [*hammered*] na cabeça. E lá você descobre martelos de forja, martelos de reflexo, marretas, martelos de orelha. Martelos parecidos com machados; martelos para testar a qualidade do queijo. O fundador do museu, Dave Pahl, mudou-se de Cleveland para o Alasca em 1973, logo que terminou o ensino médio. Na bagagem, um instinto aventureiro e o desejo de levar uma vida simples longe da cidade grande. Quando era criança, passava grande parte do tempo explorando a oficina no porão da casa do avô. "Ele podia fazer ou consertar qualquer coisa", Pahl me contou. Entretanto, tirando aquelas brincadeiras no porão, Pahl tinha pouca experiência com construção.

Mas ele conseguiu fazer do limão uma limonada. Em 1980, ele e a esposa ganharam na loteria de terras do estado um terreno de 5 acres em Moskito Lake. Juntos, construíram uma cabana e viveram sem eletricidade "até eu construir minha própria usina hidrelétrica", conta. Uma vida sem tomadas significava uma vida sem ferramentas elétricas, e Pahl aprendeu o ofício de ferreiro e forjou sozinho mais de cem martelos diferentes. Mas não foi isso o que alimentou sua paixão por martelos.

Numa viagem com os dois filhos pelos Estados Unidos, ele conheceu lojas de antiguidades e mercados de pulgas.

– Comprei um martelo que eu sabia que nunca usaria, um martelo de reflexo, daqueles que você bate no joelho. E foi assim que a coleção começou.

Os navios de cruzeiro aportam em Haines durante os meses de verão, e então Pahl trabalha como estivador. Ele dirige cerca de 50 quilômetros, de sua casa até o centro, amarra o barco e espera na cidade, de onde só vai embora no final do dia, quando os turistas já voltaram para o calor do navio. Em 2001, uma casa em ruínas localizada na Main Street, em Haines, foi colocada à venda. Pahl sabia que o lugar seria perfeito para exibir sua coleção e passar o tempo enquanto os grupos de turistas passeavam pela cidade. Além disso, sua esposa, Carol, havia imposto um limite de cem martelos em casa.

– Foi aquela coisa do momento oportuno – disse ele. – Não foi algo que eu realmente planejei, foi uma coisa que aconteceu.

Demorou um tempo para deixar a casa em condições. Para fazer a fundação, eles usaram pás, uma carriola e um trenó. Durante a escavação, Pahl desenterrou uma picareta de um guerreiro Tlingit, um instrumento também conhecido como "assassino de escravos". O achado está exposto no museu. É uma forma fálica e lisa esculpida numa pedra clara. Junto com a descrição que a acompanha, o estojo de vidro sublinha: "acredita-se que o instrumento tenha cerca de 800 anos. Teria tido uma alça talhada e sido usado em cerimônias de sacrifício de um ou mais escravos que seriam enterrados sob as fundações quando uma nova maloca estava sendo construída".

– Encontrar aquilo foi um presságio – disse Pahl. – Me fez acreditar que eu estava no caminho certo.

Mas o que os martelos têm de tão especial?

– Eles são tão simples e tão diferentes. Considerando-se que são pedaços de ferro presos em pedaços de madeira, são bem diferentes uns dos outros – explicou Pahl. – O martelo de carne, por exemplo, vem da China, onde é usado para quebrar a casca de argila ou a massa na qual o frango é cozido. O martelo de borracha, usado para bater no tronco da árvore de amêndoa de modo a fazer as nozes caírem sobre as lonas, tem uma extremidade de borracha que parece um pouco com um desentupidor de pia, mas sem a parte côncava.

– As histórias precisam ser contadas – disse Pahl. – Só para fazer sapatos é preciso uma enorme variedade de tipos de martelos. Hoje em dia, as pessoas não se identificam mais com isso.

– Quando perguntei sobre a falta de sensibilidade prática de hoje em dia, Pahl hesitou.

– Há vantagens nesse estilo de vida – disse a respeito de criar os filhos sem eletricidade. – O mundo está mudando – continuou. Fez uma pausa, começou uma frase, depois outra: – Não sei se diria para os outros fazerem o mesmo. – Outra longa pausa antes de retomar o tom de guia do museu. – Se quiser falar sobre carpintaria, provavelmente o martelo mais importante é o martelo de unha.

Eu viria a conhecê-lo bem.

◆

No café na Inman Square, os *panini*, as massas e as *pizzas* ganham vida. Frequentadores leais fazem fila à espera do pedido para viagem, abrindo caminho para a equipe de garçonetes circular de um lado para o outro nos espaços estreitos entre as mesinhas. Mary e eu fomos chamadas para construir uma parede para separar a cozinha – um corredor apertado – da área onde as pessoas comem, uma parede que ficaria no lugar de um *freezer* cheio de fatias de bolo de cenoura, garrafas de Peroni, latas de suco de laranja San Pellegrino.

A grande janela na frente do café dava para a praça. O barzinho charmoso chamado Druid, que fica do outro lado da rua, é um lugar ideal para tomar canecas de cerveja nas tardes de domingo no inverno. Mais acima, há um sebo com pisos que rangem, a melhor sorveteria da cidade, um boteco que vende churrasco de frutos do mar, um bar de *jazz* que serve um famoso *brunch*, e um café esquisito frequentado por pessoas de esquerda. Os pacientes de uma clínica de reabilitação na vizinhança ficam do lado de fora do café com faixas nos punhos e olhos fundos. Atrás do balcão da Inman Hardware, pai e filho correm de um lado a outro para atender os clientes, e a velha que trabalhava na loja de conveniência costumava dar balas de goma para as pessoas de quem gostava. É uma boa vizinhança. Morei lá durante quatro anos, dividindo o apartamento com uma grande amiga. Toda segunda-feira à noite íamos para o velho B-Side Lounge e nos apaixonávamos pelos *barmans*. Eu já havia comido sanduíches daquele café em outras ocasiões e agora estava ali para trabalhar. Aquela era minha primeira parede.

A primeira parede da humanidade? Foi a da caverna. Ou, talvez, uma de carne, como disse Ovídio: "Habitávamos o ventre de nossa mãe até que a natureza quis que não ficássemos encerrados em paredes tão estreitas e nos arrancou para fora, para o ar livre, de nossa primeira casa". Depois do útero e da caverna, peles foram desidratadas, amarradas e transformadas em tendas. Nos tempos medievais, os espaços para comer e para dormir não eram separados. As famílias dormiam no mesmo cômodo por causa da segurança e do calor. O surgimento dos quartos, de algo mais do que um grande cômodo onde as famílias amontoavam-se próximas à lareira, coincidiu com a ascensão da leitura. As paredes protegem, mantêm coisas do lado de fora (insetos, ladrões, vizinhos, irmãos irritantes, ursos, o vento) e impedem que outras escapem (o calor, os segredos, a segurança da família à noite). Na Nova Inglaterra, os muros de pedra, tão antigos quanto os primeiros colonizadores, protegiam do vento uivante dos campos e das florestas, eram lar de esquilos e de serpentes, separando os prados das propriedades agrícolas. Um relatório do Departamento de Agricultura dos Estados Unidos de 1872 estima que cerca de 387 mil quilômetros de muros de pedra contornavam a paisagem da Nova Inglaterra como uma coluna sinuosa. Hoje não há um registro oficial do comprimento, mas estima-se que metade desses quilômetros de pedra ainda existam. Esses muros transmitem uma austeridade à paisagem; pedra por pedra, sinalizam a presença e o esforço dos seres humanos do passado. Cada uma daquelas pedras foi erguida manualmente ou arrastada por bois e colocada lá uma a uma, para delimitar campos e marcar terras, encurralar animais ou cercar um cemitério doméstico.

    Caminhando por trilhas em meio à mata, florestas densas cheias de pinheiros, carvalhos e bétulas, os raios de sol salpicando o curso entre a renda de coníferas e folhas, deparo-me com muros de pedra entre as árvores, longe da trilha, a quilômetros da estrada. Existe um quê de assombrado neles. Lavradores antiquíssimos depositaram aquelas pedras ali, eles as seguraram em suas mãos e as colocaram onde elas estão. E, nesse esforço, naquela coisa sólida que permanece, dá para sentir a presença humana deles, e dá para sentir também sua exaustão. Aquelas paredes servem como uma corrente que atravessa o tempo. Dividir o espaço – seja de um curral ou de um país – é uma coisa poderosa.

    As paredes respondem a uma necessidade tanto emocional quanto estrutural. Elas nos protegem do vento e da chuva e de estranhos; resguardam nossos atos privados e nossos bens; defendem-nos contra nossas deficiências e nossos medos. Uma parede informa nossa vulnerabilidade.

    O café foi fechado para Mary e eu trabalharmos, o que imprimia certa urgência ao serviço. Afinal, eles precisavam voltar a fazer os *panini*. Depois de tirarmos o *freezer* do caminho, prendemos algumas tábuas no teto e outras, paralelas a elas, no chão. À direita e à esquerda anexamos outras duas placas de madeira que corriam na vertical entre o chão e o teto, formando, assim, um retângulo. Medimos e marcamos os lugares dos pregos, das tábuas verticais que formam o quadro da parede e suportam o reboco, o *drywall* ou as placas de compensado.

Quando pendurava prateleiras em uma cozinha, em outro serviço, lembro-me de ter visto como Mary batia na parede com os nós dos dedos.

– Estou tentando encontrar a viga – ela disse. – O *drywall* não vai sustentar a prateleira. A gente precisa se certificar de que está pregando na madeira. – Outra maneira de fazer isso é fazer furos na parede até atingir alguma coisa e sentir a resistência no prego quando ele atinge a madeira atrás da parede. Essa técnica só funciona se alguma coisa for cobrir depois aquele queijo suíço que fica na parede. Mary ia batendo ao longo da parede. Primeiro, golpes ocos, depois, um baque abafado. – Ouvi isso? – Ela bateu novamente. – Percebe como não faz tanto eco? A viga fica aqui. – Ela fez uma marca a lápis, sobre a qual colocou o suporte da prateleira, que parafusou em seguida na madeira oculta atrás do *drywall*. Estendeu a trena, bateu novamente aproximadamente 40 centímetros adiante e ouviu o mesmo ruído surdo. Olhar de raios X, pensei. – Quarenta centímetros ao centro – disse ela. – Normalmente as vigas ficam a cada 40 centímetros. Há um milhão de razões pelas quais poderia não ser assim, mas essa é a regra. – Dá para comprar localizadores de vigas que emitem um sinal sonoro e uma luz. Ou dá para bater e ouvir.

Marcamos as vigas para a parede do café, o centro de cada uma delas distanciando-se 40 centímetros do centro da outra. Segurei uma tábua grossa enquanto Mary a pregava na prancha no chão e, em seguida, na prancha do teto, colocando transversalmente um prego de 8 centímetros. Para unir tábuas verticais e horizontais é preciso colocar os pregos na transversal. Mary pregou três pregos de cada lado da viga na parte inferior e três de cada lado na parte superior, doze pregos para cada viga, para deixá-la resistente e segura.

Ela movia os dedos com vigor e precisão. Cinco golpes fortes, ou três, e o prego entrava. Isso é básico, pensei. Tenho força no braço e já usei um martelo antes. Que dificuldade aquilo poderia ter?

Mary me passou o martelo, a alça de borracha azul ainda quente do calor de sua mão. Então, foi conversar com as duas proprietárias do local.

– Se algum dia quiser fazer um bico como garçonete, fale com a gente – uma delas disse a Mary.

– Pelos velhos tempos – Mary riu.

– Você trabalhava aqui? – perguntei.

– Antigamente. Faz quanto tempo isso? Dez anos? Foi trabalhar aqui que me fez ficar neurótica pensando no tempo que uma carne pode ficar fora da geladeira.

Os almoços de Mary não eram sanduíches de atum embalados às pressas e acompanhados de sacos de batatas fritas. Deliciosos aromas salgados subiam de suas marmitas – linguiça e feijão branco com molho de tomate e alho, costelas que ela grelhara para o jantar na noite anterior. Sempre falava sobre a carne de porco. Era cuidadosa com os alimentos e gostava de comer bem.

Enquanto elas conversavam, agarrei o martelo. Com a mão esquerda, segurei o prego brilhante de 8 centímetros, olhei fixamente para sua pequena cabeça e o posicionei na madeira. Coloquei-o em um ângulo transversal, como tinha visto Mary fazer, de modo que ele atravessasse a viga vertical e entrasse na tábua horizontal, no chão. O vozerio da conversa se dissolveu em minha concentração. Tentei pressionar a ponta do prego na madeira para marcar um ponto de partida, encontrar um ponto de vantagem antes de dar o primeiro golpe. O prego se mexeu e eu o reposicionei, segurando-o firme entre o polegar e o indicador.

Levantei o martelo e golpeei. O prego decolou, resvalou e deslizou tilintante no chão.

Peguei outro na caixa e tentei novamente. Posicionei, pressionei de leve o metal na madeira. Sucesso. Bati novamente. O prego se inclinou para a esquerda. Forcei na direção oposta para endireitá-lo. Bati outras três vezes, *bang-bang-bang*. O prego se inclinou mais ainda, curvando-se sob o impacto. Perdi outro prego.

– Na trave – disse Mary.

Isso é um desastre, pensei. Usei a unha do martelo para extrair o prego mutilado da madeira.

Outra tentativa, e desta vez, *bang-bang-bang*, foram necessários oito golpes, mas o metal atravessou a madeira e prendeu as duas partes. Meu coração batia forte por causa do esforço. Um a menos, faltavam onze.

Que perverso um prego pode ser! Ele assume uma inteligência, um caráter sinistro – de um verme, um inimigo nada colaborador. Se você bate errado, o metal parece mudar de forma, passar de algo forte e firme a algo frágil, esmagável, torcível. E que coisinha fraca e feia é um prego torto. Mas, em seguida, a frustração voltava para onde era o seu lugar: o prego não é o único com inteligência. Meu braço e meu alvo transformaram-se em inimigo de meu próprio eu inexperiente.

Continuei. A zona muscular acima de meu cotovelo queimava por causa do esforço. Uma bolha do tamanho de uma moeda de 10 centavos floresceu na carne macia de meu polegar.

– Sou um desastre.

– Você não é um desastre – disse Mary. – Você só precisa fazer isso mais umas cem vezes.

"Se os golpes são fortes, o prego entorta ou pula, se são muito fracos, ele entra muito pouco na madeira." Assim começam as instruções de como pregar um prego em um Manual de tratamento de madeira escrito em 1866. Prática, paciência, força e, mesmo assim, não há garantia de sucesso. "Às vezes, o maior cuidado não garantirá a condução em linha reta de um prego."

Observei como Mary martelava. Ela segurava mais no meio do cabo do martelo do que eu, então, mudei minha pegada; o movimento dela se projetava desde o ombro e não a partir do cotovelo, como o meu – portanto, alterei o balanço; seus golpes começavam suaves e iam aos poucos ganhando força – troquei imediatamente a força total e comecei a aumentá-la a cada batida.

Contei os golpes de Mary. Contei os meus. *bang-bang-bang* e o prego estava dentro da madeira e ela já estava indo para o próximo. Dobre o número de golpes, adicione alguns gaguejos, acrescente também uma linguagem persuasiva (*vamos lá, fique parado, quietinho, agora vai para a direita, ali, meu amigo*) e o resultado será o som de minhas marteladas.

Mary é uma mulher pequena. Sou 2 centímetros mais alta e provavelmente tenho uns 9 quilos a mais do que ela. Talvez 11 quilos. Seus pulsos são mais finos e seus ombros mais estreitos. Quando ela voltou a fumar e adotou um cão enorme chamado Red, que ela levava para passear toda manhã, suas calças começaram a cair da cintura. Teve um dia que ela precisou usar o fio de uma extensão como cinto. *Petite* seria uma palavra que a descreveria bem se ela passasse uma imagem de força e a presença de alguém muito maior, se não fosse capaz de levantar nos ombros sacos de 25 quilos de cimento como se estivesse levantando um saco de folhas de pinheiro – embora tenha o espirro mais feminino que já vi, um *atchim* agudo que sempre me dá vontade de rir.

Quando, no início da tarde, terminamos de enquadrar a parede do café, ela parecia uma gaiola de madeira. Uma vez que as vigas estavam no lugar, marteladas e pregadas, parafusamos nelas as placas de *drywall*. Cobrimos os furos dos parafusos e as juntas entre as placas com fita de malha e Mary aplicou o composto de *drywall* que, ele sim, realmente se parecia com creme dental, claro e espesso. O trabalho incluía a finalização das guarnições: rodapé, tampa (a parte decorativa ou curvada que fica sobre o rodapé e que parece ser parte da mesma peça de madeira) e sancas, que uniam a parede ao teto. Algumas camadas de tinta depois e, finalmente, uma coisa sólida e durável: um novo cômodo.

Eu mal acreditava. No segundo dia, quando fizemos a pausa para almoçar no café, desandei a soltar os pensamentos que ocupavam minha mente. Primeiro, não havia parede e agora há, eu disse, como um adolescente drogado, perplexo e maravilhado diante da verdade de algo básico. Parece mágica, mas é tão, tão simples... É assim que todos esses cômodos são feitos? Não consigo acreditar!

– Você poderia construir uma casa – eu disse a Mary.

– Nunca emoldurei uma parede externa.

– É muito diferente?

– Na verdade, não.

– Você já pensou nisso?

Mary enrolou o macarrão no garfo:

– Penso em ir para o Alasca. – Ela falou de levar seu cão e de viver num lugar desabitado. – Eu me daria bem longe das pessoas.

◆

Depois daquela tarde de trabalho, desci a rua na qual eu morara naquele bairro, entregando-me ao desejo de descobrir a sensação de passar na frente de minha antiga casa sem ter no bolso uma chave que abriria a porta da frente. O lugar não tinha mudado e uma corrente forte de boas recordações irrompeu em mim. Também me senti plena. Passando na frente da casa de um antigo vizinho, pensei no cara que morava lá, um loirinho criado a leite ninho que andava de patins para cima e para baixo com aquelas calças cáqui superapertadas. Minha colega de apartamento e eu sempre cruzávamos com ele no bairro e toda vez ele dizia coisas como: "sempre vejo vocês entrando e saindo de bares". E toda vez ele não conseguia disfarçar o tom de julgamento inerente àquelas palavras. "Ele não sabe construir uma parede", pensei enquanto passava na frente do prédio em que ele morava. Eu não disfarçaria o tom de satisfação inerente a minhas próprias palavras, apesar da meia dúzia de pregos que eu entortara durante o dia.

Algumas casas para baixo, outro antigo vizinho apareceu na porta, um pai de família barbudo, alto e de meia-idade. Lembrei-me de vê-lo aos prantos na calçada numa tarde de verão, há alguns anos, uma coleira na mão, no dia em que o Golden Retrivier de 2 anos da família tinha morrido. "O coração dele simplesmente parou", ele dissera, fungando.

Ele me reconheceu quando passei.

– Quanto tempo que não a vejo – disse com um aceno. – Como vão as coisas no jornal?

Minha satisfação foi soprada como um monte de serragem ao vento. Eu me atrapalhei e gaguejei.

– Ah, sabe, na verdade não trabalho mais no jornal. Ainda sou *freelancer*, mas estou trabalhando como ajudante de uma carpinteira, e estávamos trabalhando logo ali, dobrando a esquina, construindo uma parede lá no café, então, é uma vida nova e... – O sangue pressionava a pele de meu rosto enquanto eu me enrolava com uma explicação, como se nem eu mesma acreditasse no que estava dizendo. Percebi que ele estava se divertindo com aquilo.

— Bom, isso é muito legal. E onde você deixou seu cinto de ferramentas?

A esposa dele também saiu naquele momento, uma beleza californiana, sem maquiagem, cabelos grossos, pele macia, sandálias nos pés. Uma voz que me fazia pensar em edredons e colchas macias.

— Nossa ex-vizinha está ganhando a vida como carpinteira agora — ele disse para a esposa.

Ri, nervosa.

— Bem, mais ou menos.

Conversamos na calçada, ao lado de uma nogueira, por mais alguns minutos antes de eu me despedir. Continuei descendo minha antiga rua, passei pelo edifício de apartamentos que parecia um navio, pelo parquinho, pela casa que sempre teve um monte de bicicletas emaranhadas na varanda, pelo prédio onde ficava meu antigo apartamento e em cujo jardinzinho, que ficava ao lado da varanda, nossa senhoria plantara algumas flores. Eu tinha saído do café pensando: "uau, olha isso, *nós* fizemos isso!". Todavia, andando em minha antiga rua, fui lembrando novamente do que eu era e do que eu não era. Aquilo parecia uma grande charada. Pensando na conversa que tive com meu antigo vizinho, percebi que eu não parecia convencida de nada daquilo, nem mesmo para mim.

Então, voltei para dar uma olhada lá dentro do café, para me lembrar de que a parede era real e de que nós a tínhamos construído. Ela ainda estava em pé. Eu queria entrar e tocar nela, dar-lhe um chutinho de leve, ter certeza de sua materialidade. Construí-la tinha sido bom. A sensação de permanência, força e controle que aquela construção proporcionava era inesperada e bem-vinda, especialmente por causa das mudanças e dos pontos de interrogação que inundavam minha própria vida. Havia um espaço, e nós o dividimos.

Entrei no *site* do café pouco depois que terminamos. As proprietárias tinham publicado fotografias do andamento da obra e as pessoas tinham deixado comentários: "Melhor sem a parede", "Entendo porque fizeram, mas preferia antes", "A comida é a mesma, quem se importa com a parede?".

◆

Havia outras paredes com que se importar. Algumas semanas depois, uma obra nos levou a uma grande casa em Brookline, um subúrbio rico no oeste de Boston. A propriedade pertencia a um casal de russos com um filho pequeno. Não conheci o homem, mas a mulher tinha uma magreza atípica e o filho, uma palidez cinza. E embora a casa fosse grande, os cômodos estavam quase vazios: um sofá e uma mesa em uma sala, uma cadeira solitária em outra, que poderia ser uma sala de jantar. Nossas vozes e marteladas ecoavam pelos andares. Estávamos lá para consertar uma janela que estava apodrecendo nos fundos da casa.

De pé na grama do quintal, observei Mary sobre uma escada, a cerca de 4,5 metros do chão, levantar pedaços de telha e arrancá-los do telhado com um grande pé de cabra azul. Passei muito tempo assim naqueles primeiros meses, observando Mary trabalhar. Eu pegava, cortava, carregava e observava. E sempre havia limpeza para ser feita. Apesar da bagunça na oficina no porão de Mary e do estado caótico de seu furgão, ela era implacavelmente caprichosa nos lugares onde trabalhava. Todo dia, depois do último corte ser feito e do último prego ser martelado, passávamos meia hora, às vezes mais até, aspirando, arrumando, juntando as ferramentas, organizando pilhas de madeira caso fossemos voltar no dia seguinte, e deixando as coisas mais limpas do que quando tínhamos começado.

Na casa dos russos, observei Mary arrancar a moldura da janela, expondo o que estava por baixo. Duas vigas ladeavam a janela, enquadrando-a, indo da base até a trave, a viga pesada que se estendia de viés na abertura farpada. Os antebraços magros de Mary flexionavam conforme ela forçava o pé de cabra.

Ela bateu na trave com o pé de cabra e olhou por cima do ombro para mim.

– Isto impede que o peso da parede fique sobre a moldura da janela.

Recolhi os fragmentos da casa que Mary atirava para baixo. A cavidade em volta da janela parecia uma ferida.

Quando chegou ao canto inferior esquerdo, ela fez uma pausa e sacudiu a cabeça.

– Nada bom.

– O que foi? – perguntei.

– Isto não é bom.

Não gostei de ver a casa toda perfurada e de ouvir o tom ameaçador na voz de Mary.

– Insetos.

Atrás da pintura e do *drywall*, a madeira estava apodrecendo. Lentamente, talvez. Os insetos roem as vigas que sustentam uma casa, a umidade entra e os fungos fazem a festa, enfraquecendo a celulose e a lenhina da madeira. O esqueleto de um cômodo fica abalado porque não podemos restaurar as camadas de nossa própria pele. O tempo e a umidade ficam à espreita. Todos nós estamos em decadência, cada momento somos um pouco menos do que éramos no momento anterior. Não podemos abrir uma parte de nosso corpo para procurar vazamentos e podridão. Olhar o que há por trás de uma parede é um lembrete austero e imediato desse fato. Os médicos abriram meu tio, diagnosticado com câncer, para remover metade de um pulmão. Quando afastaram a pele e olharam lá dentro, descobriram que o câncer tinha se espalhado para os dois pulmões: *inoperável*. Então, eles o fecharam – não havia nada a fazer. Epicuro escreveu: "diante de tantos outros males, é possível garantir a segurança; no que concerne à morte, porém, habitamos todos em uma cidade sem muros". Podemos construir um caixão. Não podemos construir uma parede contra a morte.

As formigas carpinteiras tinham devorado parte da moldura da janela. Eu não conseguia ver quão ruim era a situação, mas conseguia ver a ferida na casa daquela mulher, e Mary, na escada, balançando a cabeça.

– Virou uma pasta – disse ela, pegando um punhado e soltando no chão como neve molhada.

Olhei para o buraco em volta da janela e pensei: "O que foi que fizemos? Vamos consertar, fechar e dar o fora. Como vamos conseguir reparar isso antes do anoitecer? Como vamos fechar isso para que os guaxinins noturnos, ou os lobos, ou as aranhas não subam lá e sequestrem o garoto cinza? E se chover?".

Lá de cima da escada mesmo, Mary gritou algumas medidas e eu cortei pedaços de viga para ela colocar dentro do buraco, apoiar a madeira que já estava lá e substituir a parte corroída da moldura. Eu corria entre o quintal e a calçada, onde as serras tinham sido montadas. A serragem caía, polvilhando a calçada e indo descansar nos buracos do cimento, carregando junto o cheiro intenso e limpo da madeira de pinho, o cheiro do Natal, da renovação. A serra de esquadria gritava enquanto atravessava a madeira, e eu desejava que o garotinho não estivesse cochilando. Na escada, Mary inclinou-se para o buraco que tinha feito e pulverizou um veneno para exterminar os intrusos comedores de madeira. Prendi a respiração e espero que ela também tenha feito o mesmo.

As medidas eram fluidas quando não estávamos falando de números exatos. "Tire uma lâmina disso", ela dizia, passando um pedaço da viga. O entalhe da lâmina da serra de esquadria – a largura do sulco feito pelo corte – tem aproximadamente 3 milímetros. *Meia lâmina* significa um 1,5 milímetro. Mas esse é um trabalho de olho e a trena deve ficar onde está, presa no cós de suas calças. *Menos da metade de uma lâmina* significa praticamente lixar em vez de cortar, usar apenas uma fração dos dentes para aparar a madeira. *Um tico* é a medida que ela mais usava. *Só mais um tiquinho*, dizia. Eu geralmente presumia que aquilo não era uma lâmina inteira, mas era mais do que meia. Quando Mary queria que eu tirasse uma parte mínima, ela estreitava os olhos e erguia o polegar e o dedo indicador, de modo que quase nenhuma luz atravessava o espaço entre eles, e dizia: "um milésimo de segundo, tire um milissegundo dessa parte". Eu adorava quando ela falava de distância em termos de tempo. Um milissegundo significava quase nada, porque a gente não pode ver 1 segundo. Bem, pelo menos foi isso que imaginei que aquilo significava. Alguns construtores usam a expressão "um pentelho" como uma medida não oficial. "Tire um pentelho dessa tábua". É um trigésimo de segundo de 1 centímetro. Mary, porém, não usava essa expressão.

Quando a russa saiu na varanda dos fundos com o filho para conferir como estávamos indo, Mary sugeriu que ela tomasse cuidado com o ninho de vespas na calha acima. Uma salva de sílabas eslavas e a mulher correu com o filho de volta para a cozinha.

– Como é que vamos conseguir terminar? – perguntei durante o almoço.

– Como sempre, uma parte de cada vez.

Aquilo não me convenceu muito e continuei imaginando criaturinhas rastejando dentro da parede durante a noite.

Enquanto observava Mary trabalhar, tentei arquivar num cantinho de meu cérebro tudo o que eu estava aprendendo. De repente, me vi experimentando lampejos de superioridade. Enquanto descia a Massachussetts Avenue, na Harvard Square, no corredor de cereais do supermercado, e avaliava os transeuntes, eu pensava: "Aposto que aquele ali não sabe desmontar a moldura de uma janela". Ou: "Aposto que aquela mulher não sabe que cozinhas e banheiros exigem um *drywall* diferente, mais resistente à umidade e mais pesado do que o comum".

No conto "*O estudante*", de Anton Chekhov, um jovem passeia triste, desanimado e pessimista pelos bosques em uma noite fria de primavera. Ele pondera que: "os mesmos telhados de palha cheios de goteiras, ignorância e angústia, o mesmo vazio circundante e a mesma escuridão, a sensação de opressão – todos esses horrores tinham sido, e eram, e seriam, e quando outros mil anos se tivessem passado, a vida não seria melhor. E ele não quis voltar para casa."

O estudante então para na casa de duas viúvas, mãe e filha, para aquecer-se diante do fogo. É Sexta-Feira Santa e ele resume para as viúvas a história dos Evangelhos, o momento em que Pedro nega Jesus. A viúva mais velha chora; a mais jovem parece estar tentando "reprimir a dor extrema". O estudante parte e o seguinte pensamento lhe ocorre: se aquelas mulheres ficaram tão comovidas, "algo que ocorrera dezenove séculos atrás guardava uma relação com o presente – com aquelas mulheres, e provavelmente com essa vila desolada, e comigo mesmo, e com todo mundo". E que alegria o estudante sentiu. "O passado, ele pensou, está atrelado ao presente por uma corrente ininterrupta de acontecimentos que se derramam um no outro. E pareceu-lhe que ele tinha acabado de ver ambas as extremidades dessa corrente: ele tocara uma ponta e a outra havia se movido.". Uma "felicidade desconhecida e misteriosa" tomou-o de assalto. Os horrores não desaparecem (daqui a mil anos ainda haverá ignorância e angústia e goteiras), mas o desespero que nos une se transforma em alegria. O que o estudante sente, acho, é uma presença simultânea – um completo "estar ali" – e uma diluição em algo muito maior do que seu próprio eu.

Houve momentos em que eu, martelo em mãos, colocando um prego na madeira, o corpo inteiro sincronizado com aquela tarefa, acabei por me transformar na palma, no cabo do martelo, e no movimento do meu ombro, e em meu cotovelo, e a única coisa que havia era o movimento, bang-bang, e a união da cabeça do martelo com a cabeça do prego, bang, e o deslizamento do metal na madeira. Como o estudante, inteiramente presente, mas também diluída em algo além de mim mesma, na história das marteladas.

Quando eu me diluía nesse movimento, desapareciam as paredes, todas as divisões e todas barreiras. Um eco vibrava, um estrondo enorme que reverberava para a frente e para trás. Todos nós somos menos do que fomos no segundo anterior, da mesma forma como telhados terão goteiras daqui a dez séculos. Todos nós em algum momento somos inoperáveis. E quando as paredes são retiradas, quando ficamos ligados com o que veio antes, com a simplicidade do balanço de uma ferramenta no espaço ou de uma história compartilhada, escapamos por um momento da perspectiva de enfrentar o grande muro da indiferença. E, em vez de medo, pavor e desespero, é possível encontrar a serenidade e a alegria.

Isso não acontecia toda vez que eu pegava em um martelo. Muitas vezes, era mesmo só pregos tortos e dedos machucados. Na maioria das vezes, era trabalho. Mas quando era feito corretamente, a experiência era um impulso antes e depois de mim, e os fios que nos conectam começavam a brilhar. Um tipo diferente de porta se abre, aquele tipo que, por instantes cintilantes, dá acesso à imortalidade.

Quando caminhei por minha antiga rua, ou pelo corredor de cereais, e me considerei excepcional por saber o que os 40 centímetros ao centro significam, eu deveria ter pensado melhor. Não é que soubesse mais do que os outros, é que eu sabia de algo que muitas outras pessoas souberam, e sabem, e saberão.

Às quatro e meia da tarde terminamos de emoldurar a janela na casa do casal russo. As telhas estavam de volta ao

lugar; a ferida fora suturada, os insetos foram envenenados. A janela estava selada e recuperada, a podridão fora erradicada e substituída por madeira nova e forte. Sólida e estável, a janela voltava a separar o interior do exterior, exatamente como deve ser. Era quase um milagre termos conseguido fazer aquele trabalho em um dia. Fiquei de pé abaixo de Mary, que estava na escada, e levantei as mãos:
– Nem acredito!
Mary riu.
Em um poema, Annie Dillard escreve o seguinte:
Que o mogno exista, real, no mundo,
em vez de mogno nenhum existir, badaladas nos anéis de sua mente
como um gongo [...]
Eu conheço aquele gongo. Ele badalou em minha mente naquela tarde. Que isso seja possível, real no mundo – que coisa mais simples! Não foi um milagre, foi? Desmontar uma casa, remover a podridão, cortar pedaços de pinho e fazer uma parede forte novamente. Era uma questão de conhecimento e de ferramentas. Todos os dias isso acontece. Mas o fato é que, na verdade, a coisa foi feita em vez de não ser feita. Em vez de um buraco no espaço, havia uma parede. Dillard localiza o reconhecimento do lugar-comum, uma compreensão intensa e acolhedora do que é sólido e comum ao nosso redor. "A realidade abraça sua mente como os anéis de uma árvore", ela escreve. Nós encontramos o real: em anéis que marcam os anos, em gongos que badalam, na construção de uma janela, na matéria real de todos os dias. E no amor também. De todos os seres humanos, o fato de você existir em vez de não existir, o fato de eu tê-lo encontrado. Não é um milagre, é? É a completa falta de abstração, o completamente real. E talvez estava mais perto de ser um momento de graça, uma percepção que assume o peso da sagração e nos conecta ao mundo.

Carregamos o furgão naquela tarde com as serras, a escada e a madeira serrada. No caminho de volta para casa, Mary falou sobre vespas e sobre como as abelhas se aquecem no inverno amontoando-se na colmeia e vibrando umas contra as outras. E rematou:

– Isso não é incrível?

3

CHAVE DE FENDA

Sobre apertar e espanar

Os meses se acumulavam, as experiências se acumulavam e, em nosso segundo outono, quando os dias já eram mais curtos e as temperaturas mais baixas, fomos fazer um servicinho num *deck* nos arredores de Somerville, perto da interestadual 93. A rua era apinhada de casas de três andares e, no final do quarteirão, havia uma funilaria em cuja frente o velho dono observava, sentado numa cadeira articulada, os carros que passavam. O pó acumulava-se sobre os ombros dos *smokings* exibidos na vitrine de uma loja de aluguel de roupas ali perto, e jamais vi alguém entrar na loja de equipamentos para mergulho que ficava na esquina. Nos para-choques dos carros nas garagens ao longo da rua, adesivos da bandeira do Brasil.

O prédio no qual trabalharíamos assinalava a chegada de novos tempos: com linhas limpas de concreto e varandas *gourmet*, a construção parecia ter saído das páginas de uma revista de arquitetura, destacando-se do resto da vizinhança como um intruso.

Quatro portais paralelos ao lado do edifício levavam a espaços iluminados e com o pé direito alto, cada um deles com um pequeno *deck* coberto e alguns degraus. Um desses *decks* tinha sido destruído: um morador tinha entrado com o carro nele e, considerando que a entrada era apertada e pequena, era um mistério a forma como a pessoa conseguira destruir completamente o *deck* – e o carro, segundo uma vizinha tagarela.

Mary e eu estávamos agasalhadas com gorros e meias de lã e coletes. A manhã estava fria e comentamos o fato de que ver nossa respiração, como acontecia pela primeira vez naquela manhã, sinalizava a mudança de estação. Primeiro, retiramos o que restava do antigo *deck*, erguendo a madeira com pés de cabra e desparafusando-a com chaves de boca; depois, empilhamos a madeira velha num canto. O dia estava seco e claro. O céu, com aquele azul profundo que vem com o outono, deixava tudo mais nítido. O cabo de força alaranjado serpenteava brilhante sobre uma cerca e descia até nossas serras. Um móbile modernista pendia alto e balançava suave na janela da cozinha de alguém, formas vermelhas industriais e delicadas. Gaivotas pousaram no telhado e depois voaram para longe.

O trabalho de enquadramento foi rápido: quatro vigas longas, dois degraus abaixo, matemática fácil. Prendemos as vigas na moldura externa, usamos pregos galvanizados nas escoras e fixamos tudo com parafusos sextavados compridos e grossos, que apertamos bem com a chave de boca.

Mary e eu estávamos em sintonia naquela manhã: antecipávamos os movimentos uma da outra, nossas marteladas eram fortes e certeiras, e nossa concentração no trabalho deixava pouco espaço para conversa. Aquele era um prazer novo, algo que agora alcançávamos em certos dias, um ritmo e uma ligação uma com a outra e com o trabalho. Não pensávamos muito naquilo, era como se estivéssemos atravessando o curso e os acidentes de um rio, um fluxo íntimo. O som da batida de pregos ecoava, apertávamos os parafusos, imagens espelhadas uma da outra conforme o sol atravessava o céu e ia lentamente aquecendo a manhã. Tiramos algumas camadas de roupa à medida que o trabalho nos aquecia. As palavras eram um parênteses na atenção quase inviolável que dispensávamos aos movimentos de nossos corpos e à ação de nossas ferramentas.

Para reconstruir aquele *deck*, estávamos usando imbuia vermelha. Quando eu a passava na serra, sentia um aroma que lembrava canela, melaço, um pouco parecido com chocolate. Outros nomes para a imbuia são embuia, canela-broto, canela-imbuia; e de certa forma o aroma daquela madeira reluzia nessas palavras. É chamada também de "ipê" e de pau-ferro. Para esse segundo, há uma boa razão. Acontece que a imbuia afunda na água e, quando seguramos uma tábua dela, imediatamente percebemos que seu peso não é igual ao da madeira com que estamos mais familiarizados. O cedro pesa aproximadamente 352 quilos por metro cúbico. A densidade do poderoso carvalho é de 682 quilos por metro cúbico. A do ipê é de 1.050. É uma madeira tão densa que tivemos que usar uma broca afiada especial para fazer um furo piloto para cada parafuso utilizado para fixar as tábuas na moldura. Fizemos uma pausa quando a ponta da broca esquentou demais. Minúsculos fios de fumaça subiam dos furos, carregando consigo um cheiro doce de *marshmallow* misturado com um leve odor acre, um perfume acentuado e desconhecido, nada parecido com o cheiro acolhedor de fogueiras no quintal ou de chaminés. O cheiro em si sinalizava a luta que a madeira travava com o calor da broca. Sopramos na broca para esfriá-la, tentamos agitá-la no ar para baixar a temperatura do metal. Mas era tarde: já estava quebrada. Esquentou demais e rachou no furo. Quando fui remover a parte restante da broca, ela escapou e caiu na pele nua de meu antebraço. Ficou uma marca, uma queimadura vermelha em forma de broca que doeu pelo resto do dia.

No almoço, conversamos sobre a madeira, sua vida útil e sua resistência à água e a cupins. Mary lamentou todos os pisos sintéticos que estava começando a ver por aí. A madeira sintética pode ser cortada como tábuas comuns e solta plástico em vez de serragem.

— Eu entendo, mas quem se importa se ela vai durar até o mundo acabar. Eu sou uma carpinteira, não uma trabalhadora do setor de plástico.

Estávamos sentadas no chão ao lado do *deck* que estávamos construindo. Almoçamos cedo. O dia de Mary começava às 4 horas e 30 minutos da manhã, às vezes mais cedo, e ela nunca tomava café da manhã — só um café grande da Dunkin' Donuts com creme e açúcar extra. Todas as manhãs, ela levava seu cachorro até a Fells, uma reserva de 3.400 acres que fica numa cidade vizinha a Boston. Naquela época do ano, era escuro para ela caminhar na floresta. Depois, voltava para casa, respondia alguns *e-mails*, resolvia algumas tarefas e começava a trabalhar. Almoçávamos por volta das 11 horas e 30 minutos, às vezes mais cedo até. A extensão de suas manhãs, o fato de ela não comer e sua capacidade de trabalhar me surpreendiam. Não aguento nem 5 minutos fora da cama antes de tomar o café da manhã.

— E já imaginou ficar respirando partículas de plástico o dia inteiro? — disse ela. — Você detestaria isso! — Mary tirou sarro de mim porque eu vivia preocupada com o que inalávamos. De qualquer forma, era reconfortante saber que ela entendia meus medos.

— Do que você não gosta no trabalho com plástico?

Ela olhou para mim como se eu fosse um E.T.:

— É que...

Ela não terminou a frase, como se a evidência anulasse a necessidade de palavras. Embora Mary tenha ficado calada, acho que ela teria dito que é como usar margarina em vez de manteiga, algo químico e falso. Algo que não tem alma, que não tem uma essência. "Madeira alternativa" tem as mesmas conotações de processamento quanto poliéster e adoçante.

A madeira de verdade impõe certas dificuldades: o tempo é implacável com ela, a neve e a chuva e o sol a decompõem. Ela apodrece. O mofo e o bolor crescem e se espalham. Os cupins a transformam em refeição e ela solta lascas que se alojam na sola de nossos pés ou na pele macia da palma de nossas mãos. A madeira sintética – um composto de plásticos e produtos de madeira, como serragem e celulose – também requer menos manutenção do que a madeira de verdade. E, embora não seja imune à natureza, não precisa ser tratada ou tingida ou lixada. Comedores de madeira como cupins não fazem dela sua refeição e ela não solta lascas e farpas. Normalmente, a madeira alternativa requer um investimento inicial maior do que a madeira de verdade, mas demanda bem menos ao longo do tempo porque você simplesmente não precisa se preocupar com ela. Mesmo assim, por mais que os fabricantes tentem, seus laboratórios e suas fábricas ainda não conseguiram fazer uma madeira falsa parecer verdadeira. Como um casaco de pele sintética com uma estampa de leopardo, a textura da madeira alternativa é uma aproximação do que existe na natureza, mas apenas uma aproximação e só.

O quanto é possível se sentir ligado a algo desenvolvido em um laboratório? É possível amar algo com que você não tenha que se preocupar? O reconfortante da madeira de verdade, com seu turbilhão de texturas, seus nós e imperfeições, suas farpas e vulnerabilidades é que nós sabemos exatamente de onde ela vem. Primeiro, havia terra, uma semente, a luz solar e a água. E depois uma árvore! Um produto da natureza. E do tronco daquela árvore foi então talhada uma tábua. O que é o cloreto polivinílico ou o polietileno ou o polipropileno? Algumas pessoas podem responder isso. Mas todos nós sabemos o que é uma árvore. Claro que entendo que elas são um recurso cada vez mais escasso e gostaria de saber se e quando a madeira composta substituirá a que vem das florestas.

Em *Mitologias*, Roland Barthes lamenta o desaparecimento dos brinquedos de madeira, que deram lugar àqueles feitos de "um material sem graça", que "arruína todo o prazer, a doçura e a humanidade do tato". A madeira é "uma substância familiar e poética, que não aparta da criança o contato íntimo com a árvore, com a mesa, com o assoalho". Ele está falando de objetos infantis, mas o argumento é o mesmo. Um piso sintético, embora seja de fácil manutenção, corta nosso contato com o essencial. Passe os dedos sobre um pedaço de madeira bruta, uma colher de pau, um corrimão e você sentirá a vibração do natural, o calor do familiar, um zumbido sutil que diz: "isso é da terra". Agora, coloque a palma da mão em um piso de PVC: não há murmúrio algum lá, nenhuma ligação com a sombra da floresta ou com a seiva do pinho.

Testemunhar o declínio da madeira de uma cerca que protege um campo, do tronco caído numa trilha na floresta; vê-la perder a cor, empalidecer, ir do suntuoso castanho avermelhado ao cinza e ao verde, e depois escurecer e tingir-se de negro; ver sua textura se alterar, passar de sólida e forte a descamada, mastigada por cupins e formigas, amolecida pela água, dissolvida pelo tempo e pela umidade até se tornar um amálgama flácido – isso nos conforta de alguma forma, repercute nosso próprio declínio, nosso próprio enternecimento e enfraquecimento ao longo do tempo. Não é possível encontrar, na madeira sintética, inalterada pelo tempo, nenhum conforto existencial, nenhum resquício da melancolia que pavimenta nossa compreensão e nossa aceitação do tempo e da morte. Não é que ela nos provoque com sua imortalidade. É que ela não fala nada.

◆

A imbuia falava. Conforme eu cortava as tábuas para fazer os degraus e o piso do *deck*, ela falava. Sobre o peso e sobre a resistência e sobre o tempo. Eu me deleitava com o dia e com o trabalho, com o céu claro e com a força de meus braços depois de meses levantando serras e segurando armários contra paredes e martelando. Isto é tão bom, pensei: estar ao ar livre, construindo uma coisa sobre a qual eu poderei pisar. O aroma doce e queimado da madeira me lembrava amores, impregnava-se na pele de meus braços e nas mangas de minha blusa e eu podia senti-lo lá. Em sua *História Natural*, Plínio escreve que cada tipo de árvore é "imutavelmente consagrado" a uma divindade específica: a murta à Afrodite, o álamo a Hércules. Plínio diz que a faia era a árvore de Zeus; outras fontes dizem que era o carvalho. A imbuia tem algo de sagrado também: é tão pesada que afunda.

Em meio a esse devaneio sobre as árvores, movi a madeira um pouco rápido demais. A lâmina da serra de esquadria ainda estava girando quando percebi que tinha cortado muito nossa última tábua inteira. Aquela era a última peça grande e atravessaria toda a frente da varanda, logo abaixo do terraço. Que falha básica... não levar em conta os 2 centímetros que o topo da escada adicionara ao comprimento do terraço. O sangue esquentou meu rosto e xinguei baixinho. *Você só pode estar de brincadeira comigo.*

– Mary?

– Não quero saber.

– Eu posso... – Mas eu não sabia o que eu poderia fazer. Mary tinha me contado uma vez como eles costumavam zombar dos novatos da equipe mandando-lhes ir pegar o estirador na traseira do caminhão. Onde estava esse estirador? Contei o que aconteceu.

Mary foi até o furgão e pegou o saco de tabaco. Enrolou um cigarro e o fumou olhando para a varanda. Fiquei quieta, minha mente paralisada enquanto Mary matutava. Em momentos como esse, eu me sentia mais impotente, excluída dos pensamentos de Mary, incapaz de resolver ou sequer pensar em resolver eu mesma o problema. Eu estava tomando consciência do quanto confiava plenamente que Mary resolveria os problemas, teria as respostas, me diria o que fazer. De certa forma, era confortável não ter que ser responsável pelo trabalho mental pesado, pelo planejamento e pela resolução dos problemas. Era como ser a passageira numa longa viagem conduzida por um motorista em quem a gente confia e tudo o que temos que fazer é olhar para as colinas e para as árvores na beira da estrada enquanto a outra pessoa descobre os caminhos, vira nos lugares certos, presta atenção nos buracos, desvia de esquilos e alces. Em algum momento, porém, a gente quer pegar no volante, ou pelo menos se oferecer para dirigir por alguns quilômetros.

 Mary exalava pelo canto da boca a fumaça do cigarro, que flutuava até a janela com o móbile. A solução foi simples e levou cerca de 1 minuto para aparecer. Mary pegou um pedaço da imbuia e o colocou verticalmente no canto esquerdo da varanda. Esse pedaço ia da parte de baixo do terraço até o chão e esconderia a fissura de 2 centímetros que eu tinha feito. Mais uma pedacinho de guarnição e o *deck* parecia bem melhor. Eu deveria ter pensado naquilo sozinha.

 – Grande parte da carpintaria é descobrir como lidar com os erros – disse Mary. Ela já tinha dito isso uma vez e ainda diria muitas outras. Sua capacidade de resolver os problemas, a forma como ela conseguia encontrar soluções e alternativas e contornar situações complicadas, me impressionava cada vez mais e me parecia ser talvez sua maior qualidade. Essa capacidade vem, em parte, de um cérebro preparado para resolver problemas no mundo físico. Mas é, sobretudo, fruto da experiência. – "Metade do trabalho é saber o que fazer quando alguma coisa dá errado."

 E muita coisa estava dando errado. A curva de aprendizagem havia se estabilizado e a alegria inicial do novo dera lugar à lenta escalada em direção à habilidade, com seus reveses e frustrações. Depois de mais de um ano e meio, eu não podia mais usar a falta de familiaridade como desculpa. Alguns erros precedem o trabalho: o tempo e a umidade que empenam um piso; o instalador de uma bancada de cozinha que não se preocupou com o nivelamento; um proprietário superconfiante que tentou dar um jeito na instalação elétrica; paredes que tinham curvado, gesso que tinha dilatado, telhas que tinham se rachado. Alguns erros, porém, são nossos. Muitos, no meu caso.

O desejo de Mary de fazer trabalhos maiores tinha se realizado algum tempo depois. Pegamos a reforma da cozinha de um apartamento que ficava no terceiro andar de um prédio em Jamaica Plain. Trabalho grande, orçamento pequeno. O bairro, que fica no sul de Boston, inspira profunda lealdade em seus moradores. As árvores do jardim botânico são etiquetadas e parece que todo mundo no bairro tem um cachorro. E. E. Cummings, Anne Sexton e Eugene O'Neil estão enterrados em um cemitério ali perto. Uma loja oferece uma variedade de mais de sete mil chapéus, e a City Feed & Supply tem uma *vibe* de galpão, com queijo chique de Vermont, bons sanduíches e um compromisso compartilhado com a comunidade em relação à sustentabilidade. E é um sinal dos tempos o fato de o Lucy Parsons Center, que é formado por uma livraria progressista e um espaço cultural conhecido por acolher todas as tendências de esquerda, tenha se mudado de Cambridge para Jamaica Plain há alguns anos.

O apartamento era iluminado e arejado, com marcenaria escura e trabalhada, janelas grandes e muitas fotos de família nas prateleiras e nas paredes. Sobrinhas e sobrinhos do casal dono do lugar, imagens deles próprios na infância, uma mulher séria e concentrada montada num cavalo; outra com três crianças usando calças para neve em um trenó. A parte de trás dava para uma colina baixa com um belo jardim compartilhado pelas três casas daquela ruazinha sem saída. A nova geladeira teve que ser içada até o terceiro andar, pois não tinha como subir com ela pelos lances sinuosos das escadas. Foi emocionante observar aquela caixa gigante ser levantada do chão e ficar balançando três andares acima da calçada.

Os proprietários tinham comprado armários na IKEA e toda a reforma custaria aproximadamente 25 mil dólares. O trabalho seguia de forma coordenada: paredes, pisos, bancadas (uma bela pedra-sabão preta com listras de verde) e a montagem e instalação dos armários. Eram 10 horas da manhã e já fazia algumas horas que estávamos trabalhando, encaixando e juntando peças lisas de laminado para montar as caixas dos armários. Não era nem chato nem excitante, só algo que precisava ser feito. Fui trabalhar em um armário de canto que tinha uma bandeja giratória. Montei-o utilizando o desenho do manual de instruções (às vezes uma imagem *não* vale mais do que mil palavras; às vezes, as dez palavras certas são muito, muito, muito mais úteis). Coloquei as buchas em seus devidos lugares, prendi as laterais, a parte superior e a inferior, e fui furar a peça onde a bandeja giratória deveria ficar.

Mas o parafuso não penetrava o material. Não era madeira, mas algum tipo de plástico laminado, branco e liso e tão resistente à broca quanto uma lâmina de aço a um cupim. Um após outro, os parafusos derrapavam e ricocheteavam, indo parar na bancada, no fogão, nos cantos dos grandes ladrilhos de 30 cm x 30 cm de cerâmica creme do piso novo. O tilintar do parafuso de metal que foi parar debaixo do fogão me incomodou no início e, em seguida, me enfureceu. Repetidamente eu pressionava a broca no parafuso, empurrava-o para dentro do material impenetrável e xingava. Xingava impetuosamente. Mary, que estava ali perto, desviou o olhar das portas do módulo inferior que estava instalando e olhou para cima:

– Tente fazer o furo antes.

Eu ouvi, mas não *escutei* – não registrei o conselho, aquilo não fez sentido para mim. Afinal de contas, eu estava *tentando* furar.

Meu rosto corou. Outro parafuso saltou. Resmunguei baixinho, minhas canelas estavam suando. Passaram-se 25 minutos. Não era muito tempo no decorrer do dia, mas era muito tempo para estar lutando com um parafuso estúpido de uma bandeja giratória. Como se eu estivesse há dias segurando o parafuso brilhante, as bordas de sua cabeça redonda e achatada se afundavam na pele do polegar e do indicador de minha mão esquerda. E, conforme o colocava mais uma vez na ponta da broca, ele deixava mais marcas em minha pele, como uma meia muito apertada deixa anéis na panturrilha. O pequeno parafuso brilhou. A luz cintilou no metal, que refletiu a lanterna automática da broca. Um brilho malévolo. Esses inimigos minúsculos não mereciam aquele brilho. Pressionei o braço contra o interior do armário enquanto obrigava meu corpo a retomar a posição. O suor e a raiva grudavam minha pele na superfície plástica, lisa, sólida, artificial. E toda vez que o parafuso voava para o chão significava que eu tinha que começar de novo, me reposicionar e me descolar da superfície plástica do armário, o que produzia um som de sucção vergonhoso – outra humilhação. A rotação da broca, aquele zumbido penetrante – consultório de dentista, obturação e gengiva – ecoava nas paredes da pequena câmara do armário, onde estava minha cabeça inteira, sitiada. O baque da broca atingindo o armário depois de o parafuso decolar interrompia cada esforço como um insulto. O cheiro era de depósito, de pó e de plástico, como plástico filme, esterilizado e morto, e havia ainda aquele zunido débil do metal aquecido no interior da broca quente. Minha respiração ficou instável, arfadas rápidas e rasas seguidas de inspirações deliberadamente lentas, os olhos fechados, os batimentos em meu peito me lembrando que eu estava ali, naquele momento, e que eu não queria estar. "A perversidade dos objetos inanimados." Essa era uma frase que meu pai sempre dizia, citando minha bisavó, para descrever tampas que não fechavam quando se estivesse com pressa, cabeças de parafusos muito delicadas para chaves de fenda, momentos em que a estupidez das coisas supera nossa capacidade de lidar com elas com serenidade. Essa frase despontou em minha mente ali, quando a situação toda ganhava ares de perversidade.

Abaixei a broca e examinei novamente as instruções, na esperança de que alguma nova pista se revelasse para mim.

– Seja mais esperta do que as ferramentas – disse Mary, atrás de um monte de armários no chão. Esse era outro de seus lemas, que ela usava quando as ferramentas ou o serviço ou os materiais estavam dando trabalho, não estavam cooperando da maneira que deveriam ou quando estávamos indo rápido demais, desconsiderando a melhor ou mais eficiente maneira de realizar uma tarefa. Um lembrete de que temos cérebro e capacidade de raciocinar e de que um parafuso é apenas um parafuso. Um lembrete para parar e pensar. Ouvir aquilo geralmente ajudava. Não era o caso naquele momento.

Eu estava seguindo as instruções, furando onde elas diziam para furar. Eu tinha certeza disso. "O lugar desse parafuso é aqui", pensei. Eu estava fazendo exatamente o que deveria fazer. Qual é o problema dessa bandeja giratória? Qual é o problema comigo? Por que isso não funciona? Que se dane esse parafuso! Que se dane essa broca, que se dane essa bandeja e a IKEA e eu!

Parei de xingar. Eu estava acessando uma região primitiva de meu cérebro. Raiva, grunhidos.

– Respire – disse Mary.

Encarei-a com um olhar fechado. Respirar? Abominei Mary e seu conselho estúpido. Eu odiava aquele armário, odiava aquelas ferramentas, odiava ter decidido deixar meu trabalho, onde eu clicava e digitava e tomava café com pessoas de que eu gostava. Eu odiava não ser mais esperta do que as ferramentas, não ter aprendido nada em um ano e meio; abominava o fato de minha vida agora envolver desgrudar meu braço suado de uma superfície plástica e ter que ouvir aquele som vagamente sexual. E abominava o *design* escandinavo barato.

Comecei de novo, reposicionando-me, pressionando a broca com todo o meu corpo. O parafuso virou e foi parar no canto de trás do armário, girando e girando como um patinador no gelo. Enfiei minha cabeça no armário como se ele fosse um forno porque eu não queria que Mary visse as lágrimas rolando de meus olhos.

Então, ela me passou uma broca fina e afiada.

– Tente com essa – disse calmamente. – Faça um furo piloto.

E entendi então o que ela tinha dito antes. Não tente colocar o parafuso direto no material, faça um furo piloto primeiro, depois, encaixe o parafuso *nesse furo*. Tirei a ponta Phillips da furadeira e pus a broca que Mary havia me entregado. Furei um pequeno orifício na bandeja giratória. Pus de volta a ponta Phillips, coloquei o parafuso nela, pressionei-o no orifício e apertei o gatilho novamente. O parafuso penetrou o plástico. A bandeja estava finalmente presa.

Saí para respirar um pouco de ar fresco e olhei para os lírios no jardim.

A raiva havia me exaurido. E a ressaca depois dela, as consequências da frustração e do constrangimento, tudo aquilo provocara em mim um estranho sentimento de não reconhecimento. Eu tinha abominado Mary há alguns minutos, tinha lamentado todas as escolhas que eu havia feito. Que poder intoxicante tem a raiva. Aquilo não era verdade, certo? Com a ressaca veio também a vontade de ficar sozinha para distinguir o que era fruto da raiva e o que era verdade para além da raiva.

Em *Wanderlust*, Rebecca Solnit cita o que Lucy Lippar descreve a propósito de um costume esquimó em que uma pessoa com raiva sai para caminhar: "O ponto no qual a raiva é dominada é marcado com uma vareta, que testemunha a força ou a extensão da raiva". Fiquei me perguntando o quão longe a minha raiva poderia me levar.

O que há no final dessa caminhada, quando você afunda uma vareta na terra? A raiva se dissolve nos passos que ficaram para trás, você volta a ser quem você sabe que é e regressa para enfrentar um novo ponto de vista. Em muitas ocasiões, eu teria enfiado as mãos nos bolsos e abandonado qualquer erro cometido, teria desistido, me conformado com o fracasso, espanado, sem esperança ou interesse de tentar corrigir o que houvesse dado tão errado. Tábuas muito pequenas? Significaria a desistência de todo o projeto. O piso apodrecido debaixo da lava-louças que vazou durante anos? Vamos dar o fora daqui. Muitas e muitas vezes Mary me mostrou como um pouco de tempo e de esforço, um pouco de cuidado e de raciocínio poderiam corrigir quase todos os males. Essa é uma lição que se traduz em amor, claro. Quantas vezes, depois de um deslize de julgamento, de uma batalha ruim, de um intervalo de tédio, de uma falta de comunicação que parecia sinalizar um total desconhecimento do outro, quantas vezes eu tinha limpado as mãos nas calças, arrumado as coisas e partido? Isso simplesmente não estava funcionando. Não estava certo. Eu ainda não tinha aprendido a dar – amar – o tempo e o esforço que aquele ofício demandava; não tinha encontrado a pessoa que valesse o esforço. Paciência, um pouco de gentileza, a capacidade para acolher algo que, de tempos em tempos, causava tédio e frustração e que, de tempos em tempos, me levava à beira da loucura, essas também eram habilidades necessárias para compartilhar uma vida com alguém. Não acho que seja uma coincidência o fato de o amor mais profundo e mais forte que já tive ter nascido depois que comecei a trabalhar com a carpintaria. Xingamentos, gritos, momentos desesperados de frustração e raiva – uma pausa para caminhar com uma vareta, para olhar os lírios, e o regresso, mais uma vez, para acessar a verdade, para tentar melhorar. Ah, estou demorando para aprender. Naquela manhã em Jamaica Plain, eu não podia ir além do jardim e não tinha uma vareta para testemunhar a força de minha raiva. Mas o que vi quando me virei para enfrentar a casa, daquele ponto de vista, o que eu sabia era que eu voltaria para aquela cozinha e tentaria de novo.

"Tente de novo. Fracasse de novo. Fracasse melhor", como escreveu Samuel Beckett. É mais fácil dizer: "que se dane"; é sempre mais fácil abandonar tudo, espanar. Erre de novo, e mais uma vez; tente acertar de novo, e de novo, e mais uma vez. Erre melhor.

◆

Todos aqueles erros me fizeram pensar a respeito das ferramentas e do mundo. Eu sabia que o martelo era um dos instrumentos mais velhos do mundo e imaginava que a chave de fenda viera não muito tempo depois. Mas não, em absoluto. O famoso parafuso com cabeça Phillips só foi patenteado na década de 1930 por um cidadão do Oregon chamado Henry Phillips. Era uma coisa tão simples e onipresente que eu achava que existia há séculos. É fácil imaginar, nas tramas axadrezadas de uma pintura de Bruegel, camponeses entalhando grandes instrumentos parecidos com chaves de fenda. A imagem da cruz é tão familiar – a bandeira da Suíça, a Cruz Vermelha, o símbolo do *Band-Aid*, Jesus. Mas os camponeses medievais não estavam bulindo com a boa e velha cabeça Phillips.

As chaves de fenda giram há bem menos tempo do que os martelos batem. Witold Rybczynski, autor e arquiteto que construiu a casa com as próprias mãos, escreveu um livro inteiro sobre a humilde chave de fenda, uma ferramenta que ele denomina a mais importante do milênio. Em seu livro *One Good Turn*, Rybczynski revela indícios do uso de chaves de fenda desde a década de 1580. Mas antes da Revolução Industrial era difícil produzir o filamento de metal que contorna o eixo do parafuso como uma hélice. Quando as ferramentas para fazer o parafuso foram aprimoradas – o torno, na década de 1840, e as máquinas de parafuso, que apareceram na década de 1870 –, os parafusos e suas chaves difundiram-se.

A cabeça Phillips apareceu com o surgimento de ferramentas elétricas. Uma vez que a ponta da chave de fenda estivesse na cruzeta, não seria necessário usar as mãos ou os olhos para alinhá-la. Em outras palavras, foi uma coisa boa para as linhas de montagem, que foi onde a cabeça Phillips decolou, fixando as peças de Cadillacs no chão de uma fábrica em Detroit. A extração de um parafuso sob a ponta de uma chave tem o ruído surdo e vacilante de um erro, como quando estamos dirigindo em uma rodovia, suave e veloz, e de repente o asfalto dá lugar a pedras e todos os pneus murcham.

O verbo "parafusar" [*screw*] apareceu pela primeira vez na língua inglesa em 1605 na boca de Lady Macbeth. Ela pede ao marido que evoque a tenacidade para matar o rei Duncan. "Bastará aparafusardes vossa coragem até o ponto máximo para que não falhemos", diz ela numa fala persuasiva. A essência é clara, mas o significado preciso não. O *Oxford English Dictionary* acredita se tratar de uma referência às cravelhas de um instrumento musical – girar as cravelhas até atingir a afinação ideal.

A palavra inglesa originou-se na França do século XV, quando a vocábulo *escroue* significava porca, encaixe cilíndrico, buraco de parafuso. *Escroue*, por sua vez, pode ter vindo do latim *scrofa*, que significa porco – na verdade, uma porca em época de reprodução. A ligação dessas duas palavras, *scrofa* e *escroue*, resume-se a uma bestialidade natural: a forma do pênis de um suíno assemelha-se a um saca-rolhas, enrolando na ponta. Fotografias mostram que os pênis dos javalis são finos e em espiral e que o colo do útero da fêmea é igualmente sinuoso para poder prender o pênis na hora do acasalamento. Para fazer a inseminação artificial de porcas, frequentemente utiliza-se um instrumento chamado *spirette*, uma haste longa e fina com a ponta em espiral que imita a forma do pênis do porco e que os veterinários giram em sentido anti-horário. Na Islândia, a palavra para parafuso é *skrúfa* e lá, como em inglês, também significa o vulgar "foder".

As partes íntimas dos porcos aparecem ainda em outras etimologias. As conchas, com sua forma oval, branca e lisa, apresentam uma parte arredondada atrás e uma fenda na frente. Eram chamadas de *porcelaine* em francês e *porcellana* em italiano, que é o diminutivo de porca jovem e fértil. Dizem que a forma da concha lembrava vaginas de porcas e por isso recebeu esse nome na Itália e na França. A porcelana – *porcelain* em inglês – lembrava a suavidade e delicadeza das conchas, daí também seu nome.

Na Inglaterra, em meados de 1850, *screw* era uma gíria para carcereiro. Existem duas teorias que explicam isso. Primeira: *screw* era um termo para se referir à chave, e qualquer imagem de um carcereiro envolve um anel de chaves chacoalhando pendurado no cinto, ou sendo agitado ameaçadoramente nas mãos como um tamborim, o ruído estridente significando um lembrete de que ele tem o poder de trancar e destrancar as algemas, os grilhões e as portas das celas. Segunda: as prisões inglesas de meados do século XIX eram lugares de punição física, e uma dessas punições era justamente fazer os prisioneiros girarem uma manivela inútil. Girar a manivela dez mil vezes durante 8 horas era uma punição comum e, conforme o prisioneiro girava, o carcereiro apertava um parafuso que aumentava a tensão e deixava o movimento mais difícil. Além disso, *screw* poderia ser também uma referência aos parafusos dos famigerados "anjinhos", tornos usados para esmagar os dedos das mãos e dos pés dos prisioneiros.

Ademais, a relação de *screw* com ser enganado, ferrado, sacaneado, tapeado pode ser uma ramificação da gíria prisional, que se desenvolveu no submundo do crime e posteriormente ganhou as ruas. Hoje em dia, *écrouer* significa "aprisionar" em francês. A tradução de *levée d'écrou* é "libertação de um prisioneiro", literalmente "levantar o ferro".

Em uma coluna que escrevia no *New York Times* na década de 1990, William Safire sugere que o sentido de "fazer algo errado, arruinar, estragar, foder algo" que a língua inglesa conserva hoje em dia em *screw up* teria surgido de uma gíria utilizada na Segunda Guerra Mundial como eufemismo justamente para trabalhos malfeitos e erros. Não é por acaso, aliás, que *screw up* tenha aparecido pela primeira vez na *Yank*, uma revista semanal editada pelo Exército dos Estados Unidos de 1942 a 1945. Safire alega, ainda, que Holden Caulfield, o protagonista do livro *O apanhador no campo de centeio*, de J. D. Salinger, deu uma mãozinha na popularização da expressão. "Sabe qual é o meu problema? Eu nunca consigo ficar excitado – excitado *mesmo* – com uma garota de quem eu não gosto muito. Eu tenho que *gostar* dela pra caramba, entende? Caso contrário, perco a porra do desejo por ela e tudo. Cara, isso fode [*screw up*] minha vida sexual. Minha vida sexual é uma bosta."

◆

Minha vida sexual não era uma bosta, mas eu começava a achar que o trabalho de carpintaria estava mudando isso. E, embora o trabalho que eu fazia não me tornasse menos mulher, de uma maneira profunda e surpreendente essa era a sensação. É estranho admitir isso e me sinto mesquinha ao fazê-lo. Comecei a notar algo mudando quando me vestia pela manhã. Enfiava o jeans sujo de tinta e cheio de manchas duras de cola seca em volta dos bolsos, onde eu costumava limpar a cola dos dedos. Colocava um sutiã esportivo, seios protegidos, vestia uma regata, uma camiseta e, dependendo do tempo, uma camisa de manga longa. Meu tênis estava gasto, cheio de placas secas de cimento acinzentado nos dedos, manchas de tinta e mais cola. Eu puxava os cabelos para trás e fazia um coque, certificava-me de ter pego os protetores de ouvido e saía.

Minha aparência era desleixada e grosseira, a aparência de alguém que faz trabalhos manuais. Eu me sentia um moleque.

Não sou uma mulher pequena. Meu corpo é robusto, tem curvas. Tenho sorte de ter evitado os demônios da imagem corporal que distorcem os reflexos nos espelhos e fazem algumas mulheres sentirem aversão a seus corpos. Gosto de ser forte. Gosto dos músculos em minhas pernas, quadris e panturrilhas, e gosto que minhas pernas aguentam correr quilômetros. Flexiono meu bíceps diante do espelho e sinto orgulho da saliência e da força que ele sugere. E adoro ter seios. Gosto da combinação entre o firme – pernas, ombros, costas – e o suave – seios, ventre. Gosto do brando, da força e da suavidade. Como Virginia Woolf escreveu, "É fatal ser meramente um homem ou meramente uma mulher: é preciso ser masculinamente mulher ou femininamente homem.". Isso me parece profundamente verdadeiro, um desejo permanente de ter ambos os sexos misturados em um só corpo e em um só espírito, uma fertilidade mental.

Porém, vestindo aquelas roupas, meus seios enclausurados num sutiã esportivo, passando os dias fazendo o trabalho com o corpo e com as mãos, manuseando ferramentas, trenas, martelos, usando serras, cortando madeira, usando pistolas de pregos e furadeiras, tudo isso mudava o juízo que eu tinha de mim mesma, meu eu sexual, meu eu enquanto mulher. Odeio admitir isso. Odeio aquele jeans sujo, e usar uma broca era suficiente para perturbar o juízo que eu tinha de mim mesma enquanto mulher. Eu me sentia dessexualizada.

Dessa forma, eu passava pelo mundo sem transmitir aquela centelha de possibilidade. Ao vestir roupas que ofuscavam meu corpo, não havia a presença daquela energia que eu oferecia e recebia de volta dos homens ao meu redor, não havia em mim a percepção do desejo sexual. Eu percebia sem perceber; e percebia sem ser percebida. A redação na qual eu trabalhara fervilhava com flertes, abundava em paixonites. Eu vestia jeans e blusas apertadas de gola alta e não usava maquiagem.

Comecei a usar máscara e delineador aos 30 anos, alguns meses depois de começar a trabalhar com Mary. Não percebi na época, mas aquela era uma forma de encontrar um certo equilíbrio. Havia dias em que eu ansiava para chegar em casa e beijar meu namorado cheirando a perfume em vez de poeira e suor. Em minhas horas livres, no esforço de equilibrar o incômodo que minhas roupas e meu trabalho me causavam, eu ia para casa, tomava um banho para tirar a poeira da pele e dos cabelos, vestia um jeans apertado, um sutiã de renda, uma blusa decotada, passava máscara nos cílios e contornava os olhos com delineador. Sempre adorei assistir à mulheres se maquiando diante dos espelhos dos banheiros públicos, e de repente me vi gostando de fazer aquilo também, aprendendo a fazer aquilo aos 30 anos em vez de aos 13 anos.

Como minha chave sexual era desligada por minhas roupas de trabalho, eu tentava religá-la nas horas de folga, elevando minha feminilidade como nunca fizera antes. Descobri que minha feminilidade e minha sexualidade estavam atreladas de uma forma que eu não esperava. Eu estava chocada com o fato de signos exteriores alterarem uma coisa interior. E quando estava perto de encanadores e eletricistas, me peguei mencionando namorados, do passado e do presente, como se para deixar claro, deliberadamente, que eu gostava de homens. Parecia forçado e me pergunto se eles também achavam isso.

Nas horas de folga, eu imaginava os encanadores em cima de mim. Pensava em seus braços grandes, em seus dedos grossos e ásperos. Mas não tentava flertar com eles. Durante o serviço, era como se eu tivesse 9 anos, um retorno a uma época antes de ser animada pelo sexo. Depois do expediente, porém, lá estavam eles em meus pensamentos. Imaginava o peso deles e como a força de suas mãos e de seus braços se traduziria na pele. E via o mais velho com quem trabalhávamos, um careca, alto e forte, seu corpo esticado no chão de uma cozinha, mexendo debaixo de uma pia, segurando uma chave inglesa – durante o dia, aquilo eram ossos do ofício, sua tarefa particular, tão sexy quanto um pacote de parafusos. Mais tarde, em casa, longe dos afazeres, os pensamentos ficavam íntimos e úmidos. No trabalho, no dia seguinte, a castidade da infância voltava e era como se as fantasias da noite anterior jamais tivessem existido.

Enquanto desempenho minhas funções do dia a dia com Mary, também não penso em números – nunca me ocorreu, por exemplo, a porcentagem de mulheres que fazem esse trabalho. Não corto tábuas e folhas de compensado e aperto o gatilho da pistola de pregos ponderando sobre como há poucas mulheres fazendo isso, e ainda menos mulheres heterossexuais. Lá estávamos nós, Mary e eu, ambas fortes, uma de nós hábil, e juntas éramos capazes de fazer o que precisava ser feito.

O fato é que a carpintaria é um trabalho de homens. Isso quer dizer que a carpintaria é um trabalho estatisticamente feito por homens. Na pesquisa de 2011, o U. S. Census Bureau relata que os homens representam 97,6 por cento do contingente no setor de "construção e extração", ao passo que as mulheres representam apenas 2,4 por cento. De toda a lista, essa é a ocupação que apresenta o maior desequilíbrio entre os gêneros, mais do que engenharia e arquitetura, mais do que agricultura, pesca e atividades florestais, mais do que os bombeiros.

Alguns estimam uma discrepância ainda mais acentuada. Em um artigo na *Monthly Labor Review* intitulado "Diferenças de gênero no mercado de trabalho", Barbara H. Wootton observa que "as diferenças de gênero mais acentuadas no mercado incidem na indústria, manufatura e construção – em 1995, por exemplo, apenas 1 por cento dos mecânicos de automóveis e dos carpinteiros eram mulheres".

E essa não é uma estatística que parece estar mudando muito ao longo dos anos. O Instituto de Pesquisas de Políticas para as Mulheres (IWPR), um centro de excelência localizado em Washington, D.C., apresenta o aumento do número de mulheres na mão de obra em um artigo intitulado: "Separado e desigual? A segregação de gênero no mercado de trabalho e as disparidades salariais entre os gêneros". Os pesquisadores rastrearam a ascensão das mulheres na força de trabalho a partir do início dos anos 1970 até o ano de 2009. Em 1972, apenas 1,9 por cento de dentistas eram mulheres; em 2009, as mulheres representavam 30,5 por cento da profissão. Durante esses mesmos anos, o percentual de mulheres com carteiras subiu de 7 por cento para 35 por cento. No setor de serviços, entretanto, os números não mudaram muito. Mulheres carpinteiras eram 0,5 por cento da força de trabalho no ano de 1972 e apenas 1,6 por cento em 2009. A carpintaria também está entre as profissões com mais brancos. Em um artigo de novembro de 2013, o *The Atlantic* relata que 90,9 por cento dos carpinteiros são brancos e observa que os sindicatos têm uma "relação complicada – e muitas vezes feia – com a raça, o que ajudou a afastar negros e hispânicos dessas cobiçadas frentes de trabalho".

Em seu livro *We'll call you if we need you:* experiences of woman working construction, Susan Eisenberg documenta as experiências de mulheres em canteiros de obra no final dos anos 1970 e início dos anos 1980. Parte história oral, parte documentário, o livro detalha a perseguição e o desrespeito que as mulheres enfrentavam trabalhando no setor. No livro de Eisenberg, uma mulher chamada Mary Ann Cloherty narra o que aconteceu quando foi procurar trabalho com um carpinteiro local após completar um estágio de nove meses. "Sem rodeios, um empreiteiro me disse o seguinte: já tivemos que engolir os negros na década de 1960; agora nada vai nos fazer engolir as mulheres na década de 1970".

Mas Eisenberg, que é eletricista, também relata o orgulho, a paixão e a satisfação que essas mulheres experimentaram com alguns de seus generosos, pacientes e acolhedores colegas e mentores do sexo masculino.

O IWPR cita o "ambiente hostil" em muitas atividades dominadas por homens como um motivo para tão poucas mulheres terem acesso a esses trabalhos. "Inúmeras pesquisas sugerem que a escolha ocupacional é frequentemente afetada pela socialização, falta de informação ou por barreiras mais diretas à entrada ao mercado de construção ou a profissões em que um gênero representa uma pequena minoria da força de trabalho." Caso você não conheça nem sequer tenha ouvido falar de outra mulher que faça um determinado trabalho, não vai necessariamente considerar como uma opção viável quando estiver pensando no que gostaria de fazer. E acho que, da mesma forma como há certas profissões, como enfermagem, técnico em higiene dental, secretariado, que alguns homens podem sentir que põem sua masculinidade em questão, há algumas funções que levantam dúvidas sobre a feminilidade nas mulheres. Embora eu não reflita com frequência no sentido sociológico geral que subjaz à escassez de mulheres que fazem esse trabalho, de fato constatei que minhas ideias e minha percepção da feminilidade e da sexualidade estavam sendo desafiadas.

Éramos notadas. Enquanto escolhíamos madeira num depósito, ou carregávamos um carrinho de *drywall*, ou pegávamos sacos de cimento na Home Depot, rodeadas por carpinteiros grandes em seus macacões e botas, os olhares que recebíamos não eram apenas de curiosidade. "Estão reformando?", perguntou certa vez um vendedor com o avental alaranjado da Home Depot. Era como se fôssemos garotas de 4 anos comprando palitos de picolé para fazer um trabalho da escola. "Reformando uma cozinha", Mary respondeu naturalmente, tirando o cartão de crédito da carteira. Nenhum traço de uma atitude defensiva, nenhum esboço de ofensa. Espero que meu olhar tenha deixado essas coisas claras.

De vez em quando, um funcionário do depósito de madeira tratava Mary como senhor. "Posso ajudar a encontrar algo, senhor?" Minha vontade era de sair em defesa dela e gritar "Você quer dizer *senhora*". Mas eu não dizia nada – Mary é capaz de se defender sozinha. Acontece que não tenho certeza de que ela sequer considere isso uma luta. "Já tenho tudo", ela diz, imperturbável. Na terceira série, cortei os cabelos. Na escola, no dia seguinte, segurei uma porta para uma professora e ela disse: "Obrigado, senhor". Fiquei muda, atordoada. *Senhor?* A professora passou com aqueles saltos altos e eu fiquei ali, chocada, minha mente tomada pelo caos. O que eu sou? Não sou o que eu achava que era? O comentário daquela professora tirou o meu reconhecimento de mim mesma. Ainda sinto meu pequeno "eu" em pé naquela porta, ainda me lembro da confusão e do medo. Toda vez que Mary é confundida com um homem, estou de novo segurando aquela porta na terceira série, aturdida com a confusão. Mas Mary parece não dar importância. Ela não se preocupa muito em pertencer a uma categoria feminina. Eu, porém, sou mais ligada à minha feminilidade do que pensava.

Uma manhã dessas no depósito de madeira, enquanto Mary e eu colocávamos no carrinho tábuas de ipê para o trabalho em um *deck*, vi dois rapazes com aquelas jaquetas grossas da Carhartt. Um deles fez um gesto para nós com o queixo, sussurrou algo para o colega e ambos riram como garotas do ensino médio. Não me importa o que foi dito. Ruborizei e meu impulso inicial foi quebrar uma tábua na canela deles. Em vez disso, quando passamos por eles, ronronei um "Oi, rapazes" e levantei a sobrancelha, provocante.

Quando saíamos, eu ficava atenta aos olhares de ceticismo e às observações de condescendência. Quando meu humor estava melhor, eu me lembrava de que nem todos aqueles grandes empreiteiros com suas picapes e seus músculos eram idiotas, que simplesmente era raro ver duas mulheres carregando madeira. Os caras que Mary contratava a conheciam, trabalhavam com ela há anos, estavam acostumados a trabalhar com uma mulher, mas nem todos os homens eram como eles. Então, sim, você quer olhar, vá em frente. Imaginei que nossa presença lá, carregando aquele carrinho, tirando folhas de madeira compensada de uma pilha, juntando placas de madeira tratada, levantando sacos de cimento, enfim, que tudo aquilo pudesse abrir a mente de um ou dois deles, mesmo que apenas momentaneamente, à possibilidade de as mulheres também serem capazes de fazer aquele trabalho.

Até onde me lembro, em duas ocasiões pedimos ajuda extra a dois caras grandes e fortes. Uma vez foi para levar uma porta de vidro até um terceiro andar. O ex-chefe de Mary estava trabalhando no mesmo quarteirão no momento, então ele e um de seus ajudantes vieram em nosso auxílio. Mas se houvesse por perto duas mulheres com músculos fortes e uma boa noção de espaço, também teriam servido.

Na outra vez, ficamos frustradas, e com razão. Estávamos construindo um grande *deck* novo numa casa em uma colina em Jamaica Plain e levamos um dia para cavar os buracos de 61 cm x 120 cm que ultrapassariam a linha de congelamento de Massachusetts. Cavamos e cavamos e cavamos, revezando--nos na cavadeira. Suávamos e cavávamos e, naquela casa virada para o sul, o sol nos fez companhia o dia todo.

Enquanto cavávamos, rebentava um cheiro de cebola. Desenterramos cebolas e agredimos mudas de cebolinha com nossas pás. Um cheiro cítrico brotou de um pequeno pé de erva-cidreira que ficava bem no caminho entre o furgão e a garagem e sobre o qual havíamos pisado. Nossos pisões tinham partido as folhas, os óleos vazaram e a fragrância – limonada, frutas cítricas frescas, um sabonete suave – espalhara-se pelo ar. Dizem que a erva-cidreira melhora o humor e o desempenho mental. Se é verdade, não sei, mas o fato é que aquela era uma alternativa bem-vinda ao cheiro de terra e de suor e de protetor solar, os principais odores de dias quentes como aquele. Aprendi naquelas semanas que beber é uma forma de combater a confusão e o medo, de aliviar temporariamente o que parece impossível de ser enfrentado. Cavar buracos na terra com o cheiro de cebola é outra. Eu estava grata por ir trabalhar naqueles dias e me perder no ofício.

Era uma manhã de sexta-feira e o calor era tangível. Havíamos atingido cerca de 80 centímetros de profundidade quando batemos em uma pedra. Já tínhamos batido em pedras antes. Continuaríamos a cavar em torno dela até conseguirmos arrancá-la. Cavamos em torno daquela bendita, mas ela era grande e estava encravada e não conseguíamos encontrar suas bordas. Usamos um pé de cabra, uma pá, um sarilho, uma marreta. Usamos todos os nossos músculos. Tentamos as tiras de lona que Mary usava para amarrar sua canoa no teto do furgão. Mas a pedra sequer se mexeu. Labutamos e xingamos.

– É uma pedra muito grande – Mary repetia, talvez para nos consolar, talvez para asseverar que não éramos nós as fracas ali, que simplesmente tínhamos nos deparado com algo maior do que poderíamos enfrentar.

Conforme cavávamos e balançávamos a cabeça e tentávamos estilhaçar a pedra, três homens usando capacetes e botas reparavam um cano de gás na rua, a cerca de 30 metros de onde estávamos. Eles usaram uma escavadeira para rasgar uma faixa do asfalto, arrancar o cimento e colocar os detritos numa caçamba. Os rugidos dos caminhões faziam o ar parecer ainda mais quente. Mary trocou umas palavras com o cara que conduzia a máquina, algo sobre dar uma mão com nossa pedra. Ele deu de ombros como quem dizia que não podia fazer nada.

Então, Mary decidiu que a única maneira de lidar com aquela situação era alugar uma britadeira por 1 hora e quebrar a rocha. Não gostei nada daquela ideia. Imaginei operários grandes, imaginei os músculos de seus braços vibrando, os dentes crepitando em suas mandíbulas conforme eles seguravam a britadeira como a um touro bravo. Eu não queria experimentar aquilo.

– Tudo tem sua primeira vez – Mary gritou da janela do furgão enquanto dava a partida.

Comecei a cavar outro buraco quando um dos caras se aproximou de mim. Ele tinha braços musculosos e sardentos e os pelos em seus ombros estavam começando a ficar brancos. Uma barba loira e desleixada cobria sua mandíbula e ele usava um colete laranja de trabalho e nada por baixo. Senti o cheiro de seu suor e gostei. Ele perguntou sobre o progresso e me disse que eu deveria beber um pouco d'água. Eu ri e lhe disse que ele também deveria beber um pouco d'água. Contei-lhe sobre a pedra e apontei para o buraco.

– Essa é das grandes – disse ele. Ficamos parados debaixo do sol olhando para o buraco, nós dois sujos e suados, as mãos nos quadris. Foi quando tomei uma decisão. Às vezes, caras grandes e fortes querem se sentir caras grandes e fortes e eu disse algo que não queria dizer, mas que disse mesmo assim.

– Acho que não somos fortes o suficiente.

E ele olhou para mim e disse:

– Vamos ajudá-las a tirar aquela pedra dali.

Ele se afastou e me apontou para o condutor da escavadeira. A escavadeira se virou e veio em minha direção, saí do caminho e a pá entrou na terra e recolheu nossa rocha gigante, assim, como se fosse um pedregulho, 90 quilos ou mais. Agradeci aos caras e eles pareceram felizes também.

Liguei para Mary para lhe dizer que não precisaríamos mais da britadeira. Quando ela voltou, contei como as coisas aconteceram e ela riu e me agradeceu por eu ter mostrado as pernas.

A próxima parte do projeto destacou nossa tenacidade. Com os buracos cavados, enterramos as vigas, que pareciam versões gigantes daqueles tubos de papelão em que guardamos pôsteres. Depois, preenchemos os lados com a terra extraída. Então, veio o cimento. Todas as vigas precisavam ser preenchidas, assim como o bloco que seria a base da escada.

Rasgamos os sacos de cimento, prendemos a respiração, despejamos o pó e a areia em uma bandeja grande de plástico e usamos a mangueira para umedecer a mistura. Pegamos uma pá cada uma e, uma de cada lado da bandeja, misturamos o cimento, saco por saco. Empurrávamos e revolvíamos a massa com as pás, para a frente e para trás, molhando-a uniformemente, não muito, não muito pouco. Eu usava uma máscara; Mary, não. Nenhuma de nós achava que terminaríamos em um dia. O trabalho às vezes parecia um acampamento de verão; era mais simples e mais parecido com uma brincadeira. Se o obscurecimento da sexualidade contribuía para esse sentimento de acampamento de verão ou era causado por ele, isso eu não sei. Mas o fato é que, às vezes, parecia uma viagem de volta a um tempo antes de eu ter seios.

Terminamos as quatro vigas e o sol ainda não tinha atingido as árvores junto a calçada, o que indicava que já eram 3 horas da tarde. Tínhamos algumas horas de sobra no dia.

– O que acha? – perguntou Mary.

Tirei minha máscara, limpei o suor e a poeira do rosto com a camisa, cuspi na calçada e disse:
– Vamos continuar.
– Vamos embora – disse Mary.
Então, continuamos movendo nossas pás e a luz criou um arco-íris na água que saía da mangueira. O som do cascalho e da areia sendo mexidos na bandeja parecia o de pedrinhas e conchas sendo carregadas pelas ondas na praia e ficava mais úmido conforme Mary acrescentava água.
– De quantos sacos você acha que vamos precisar para encher a base toda? – perguntou ela.
– Seis?
– Eu diria que o dobro disso.
Misturamos e derramamos, misturamos e derramamos. Uma bolha floresceu dentro de minhas luvas de trabalho, estourou e vazou algo quente e pegajoso na palma de minha mão. A base da escada começou a ganhar forma. Quando o cimento finalmente atingiu o topo da caixa de madeira, derramando dos lados riachos estreitos de massa cinza, Mary e eu nos cumprimentamos. Ao todo, carregamos, descarregamos e misturamos 1.130 quilos de cimento. Mais de uma tonelada.
– Surreal! – exclamei, exausta.
– Nada mal para duas garotas.
– Nada mal para qualquer um.

◆

Um encontro durante um serviço em uma cozinha finalmente injetou sexo no trabalho. O serviço era em Framingham, uma vila 37 quilômetros ao sudeste de Boston, uma distância maior do que estávamos acostumadas. No entanto, trabalho é trabalho, independente dos 40 minutos para ir e dos 40 minutos para voltar. A casa, desinteressante, ficava no final de um beco sem saída suburbano onde todas as casas eram iguais e as únicas características distintivas eram a cor da pintura, o estilo das persianas e escolha das plantas no jardim da frente. O processo era o de sempre: colocar ladrilhos no chão, instalar armários e pelejar com a instalação de sancas. A maior parte do trabalho estava pronta quando Pete, o cara gostoso que instalaria a bancada de granito, chegou com sua caminhonete para tirar as medidas e fazer alguns moldes.

Ele tinha cabelos escuros e encaracolados e um sorriso fácil. Quando se inclinou sobre a bancada para tirar uma medida, os músculos de suas costas ressaltaram debaixo do tecido da camisa. Seus braços pareciam os de um arremessador de discos imortalizado em alguma estátua grega. Fazia pouco tempo que eu tinha quebrado o pulso: voltando de bicicleta para casa depois de um dia de trabalho, trombei com a porta da BMW que uma jovem abrira inadvertidamente. Aquele era meu primeiro serviço depois de tirar o gesso e eu usava uma atadura preta no pulso para trabalhar. Pete perguntou sobre aquilo. Depois, falou de quando rasgou o calcanhar não muito tempo atrás e se gabou:

– Os médicos falaram que levaria de oito meses a um ano para me recuperar – disse, enquanto pegava a trena que estava sobre os armários. – Sabe quanto tempo levou? Três meses. Em três meses eu já estava de volta ao trabalho. Se você conhece seu corpo, vai se recuperar. Vai superar. Mas você tem que conhecer seu corpo.

Eu gostava do fato de estarmos falando sobre corpos, sobre conhecê-los, sobre algo imediatamente físico e íntimo. Repeti algo que meu médico me dissera sobre a dor e sobre como ela pode ser uma coisa boa às vezes. Como se eu tivesse dito algo que esperava ouvir, ele soltou a trena, que chicoteou de volta ao coldre. Estava de costas para mim, aquelas costas fortes e largas, quando disse:

– Mostra que você está vivo. – Virou-se, me olhou nos olhos e continuou: – Nós precisamos saber disso às vezes.

E então ele piscou antes de se virar novamente para medir o lugar para onde a pia iria e aquilo foi bom e delicado e eu sorri, apesar das borboletas em meu estômago despertadas por aquele estremecimento cálido, e esperei ansiosa pelo dia em que ele voltaria com as lajes de granito. Quanto tempo esses breves momentos de calor podem durar, um brilho nos olhos, uma excitação na atmosfera, esses breves estremecimentos de intimidade compartilhada, de energia comungada? Nada mais do que uma conversa, menos de 1 minuto de bate-papo. Eu não ia transar com aquele homem em cima da pedra de granito frio que ele traria, mas imaginei isso.

Na semana seguinte, com o granito cortado e pronto para ser instalado, ele voltou àquela cozinha. Lancei olhares e um sorriso como já tinha feito mil vezes em bares, para rapazes e homens, amigos e estranhos. E ele correspondeu e disse: "bom te ver". Não foi nada, a interação mais básica com outro ser humano, mas o brilho estava lá, aquela excitação compartilhada. E naquele momento percebi que o brilho era forte, poderoso. Tudo o que eu precisava era acessar a energia que eu tinha quando não estava usando um par de tênis esfarrapados e segurando um cinzel. Ele pode ter mostrado aquele brilho nos olhos a outras pessoas, provavelmente mostrou, aquele cara da bancada de granito com cabelos encaracolados, mas aquele brilho serviu para me mostrar que, mesmo no modo trabalho, eu poderia mandar energia e ser correspondida. E uma certa sensação de plenitude veio em resposta, uma personificação – física e mental – do que Virginia Woolf quis dizer com masculinamente feminina.

◆

Há momentos de apertar e momentos de espanar e eu tive muito dos dois. Erros atrás de erros. Depois do trabalho na cozinha com o cara gostoso da bancada de granito, fomos fazer um trabalho em Lexington, onde o uso da faixa de pedestre é rigorosamente obrigatório e os guias turísticos com trajes de reservistas do exército conduzem admiradores da história por importantes pontos históricos. Estávamos lá para refazer o primeiro andar de um velho galpão transformado em casa – pisos, paredes, cozinha e banheiro novos, algumas janelas, muitas portas e guarnições. Era um grande trabalho. O local ficava ao lado de um antigo cemitério cheio de pequenas lápides do século XVIII. Uma seção de sepulturas bambas perfazia um círculo quase perfeito, o que adicionava uma camada sombria e melancólica. De hora em hora, um dos reservistas aparecia acompanhando um grupo de turistas, aos quais mostrava uma lápide que ficava bem ao lado de uma grande janela do cômodo onde estávamos instalando os pisos novos. O rapaz usava um traje colonial completo. Pensar naqueles caras entrando em seus carros no final do dia e colocando seus chapéus triangulares no assento ao lado me deixou triste. Existe um quê de solidão em viver uma vida dupla. Numa tarde úmida, vi o guia turístico segurando uma lata de refrigerante. O que me impressionou não foi o choque anacrônico, foi mais uma sensação, súbita, de que não se deve beber refrigerante em cemitérios.

Mary tinha me pedido para instalar o rodapé no interior de um *closet*, uma forma trapezoidal estranha sobre um piso irregular e contra uma parede torta. Ruminei uma forma de conseguir o ângulo de corte correto para uma peça do rodapé que iria do lado da porta do *closet* até o canto do lado direito. Aquela era uma peça que ficaria à vista de quem estivesse dentro dele e de frente para o quarto. Não era muito grande, era mais um armário comum em que temos que esticar o braço para tirar a blusa ou o vestido de veludo do cabide. A menos que alguém se escondesse ali, não haveria nenhuma razão para ver aquele pedaço de madeira.

Eu estava tentando nivelar a peça ao chão, à parede e contra a outra parte do rodapé, no canto. São esses os procedimentos da instalação de rodapés, sempre. E algumas vezes são mais fáceis do que outras.

Eu ia do armário até a garagem, onde havíamos montado as serras, mais e mais vezes conforme cortava e recortava os pedaços de rodapé – atravessava os novos assoalhos de madeira, passava pela cozinha, pelo lavabo debaixo da escada e saía na garagem. A frustração explodiu. Quem se importa como essa peça está encaixada? Ninguém nunca vai vê-la. Isso é uma perda de tempo. Minha motivação vacilou – ah, está bom desse jeito mesmo, não está, com um espaço entre a madeira e o piso? Deixe aquele enorme remendo ali no canto, só coloque um pouquinho mais de selante.

Fiz cortes de meia lâmina e raspei a madeira, um grau de cada vez. Tirei um grau da borda inferior do lado direito, onde aquele pedaço atingiria a outra peça do rodapé no canto. O encaixe ficou justo. O chão inclinava-se de modo que os lados direito e esquerdo da peça balançavam como uma gangorra. Deitei-me de lado, as pernas para fora do armário, e corri o lápis ao longo da placa, seguindo a subida e a descida do chão. A linha sobre a madeira mostrou onde e como o chão abaulava e quanto dela eu precisava retirar. Raspei e raspei até que finalmente a peça do rodapé encaixou.

– Leva anos pra uma pessoa ficar boa nisso – Mary disse enquanto eu passava por ela na direção das serras, as mãos segurando um pedaço do rodapé, a cabeça balançando, atordoada.

Quando as duas partes se uniram em uma junção perfeita, quando as peças seguiram a curva do piso na medida, sem espaços, regular, quando couberam exatamente, rejubilei. Ah, que alegria!

Não sei se Mary estava tentando me ensinar uma lição naquele dia. Parte de mim acha que ela sabia que seria complicado encontrar os ângulos adequados e mais complicado ainda conjugar a excentricidade do trabalho com o fato de que ninguém contemplaria sua exatidão, um teste de habilidade técnica combinado com algo da ordem mental. Ou talvez fosse apenas só mais uma coisa que precisava ser feita e ela tinha outros projetos mais importantes. Ela me ouviu xingar e me viu andando de lá para cá. E ficou quieta, me deixou quebrar a cabeça, encontrar sozinha uma solução. Cortei peças erradas, fiz cortes extras e tirei um pouco demais, o que inutilizou a peça. Nosso estirador estava sempre na loja.

Mas se ela tivesse ido até o armário, visto os espaços e as peças vacilantes e dito "sim, que se dane, é só um armário, quem se importa?", não sei se teria ficado muito aliviada. Talvez no curto prazo – *graças a Deus me livrei desse armário* –, mas aquilo teria sido uma trapaça. Se você é capaz de manter o foco e a atenção em uma peça que não importa, que raramente, se é que alguma vez, será vista, se é capaz de fazer isso direito, o resto do trabalho – o que realmente importa, que será visto – será exaltado.

Durante uma ida ou outra até as serras na garagem, algo mudou. A impaciência se transformou em determinação, entrou no modo missão. Fui do enfrentamento de um emaranhado que eu já estava pronta para descartar à iluminação de ser capaz de ver ambas as extremidades e seguir os fios da meada, lenta, paciente, precisa, até que um fio pudesse ser apanhado e esticado e brilhasse em minhas mãos. Vai ficar direito. Vou fazer isso direito.

Caso o eventual proprietário olhasse dentro do armário, aposto que ele ou ela não observaria que o trabalho estava bem-feito. Se estivesse malfeito, porém, com lacunas e imprecisões, a coisa chamaria a atenção e levantaria dúvidas sobre a qualidade do trabalho feito no resto na casa. Um olhar desprovido de senso crítico aprende a ver o que pode estar errado, o que foi feito de forma descuidada, preguiçosa, sem esforço.

O trabalho no interior de um armário importa e muito. Pode ser que algum dia aquele armário pertença a um adolescente confuso que amontoa camisetas suadas do treino de futebol, meias velhas, toalhas de praia molhadas e cheias de areia, cadernos usados, de modo que as pilhas escondam o rodapé. E daí? As peças vão desaparecer. Isso é o que se espera que aconteça. Eu não perderia o sono durante a noite sabendo que deixei uma lacuna que exigia uma generosa mão de selante para encobrir, mas a satisfação, o sentimento silencioso de ter feito a coisa certa, a coisa que importava, isso fazia o trabalho valer a pena. E independente da intenção de Mary, o fato é que fiquei feliz de ter feito aquilo certo.

– Pronto – eu disse a Mary, que estava emoldurando as janelas da sala principal.

Não percebi quando ela largou as ferramentas e foi ao quarto onde eu tinha estado trabalhando, só que, quando ela saiu poucos momentos depois, fez um sinal de joinha e assentiu com a cabeça. Voltou ao que fazia e disse:

– Quer começar a instalação dos rodapés da sala de jantar?

Com minha trena nas mãos, fui até um canto ao lado da janela que dava para o cemitério.

Não há tecla de DELETE em carpintaria, não existe o comando CTRL-Z. Não tem como atualizar um pedaço de madeira mal cortado. Eu dava como certa aquela capacidade de desfazer as coisas em meu antigo emprego. Um par de cliques rápidos e qualquer coisa poderia ser corrigida. Corrigir os erros em carpintaria envolvia um novo conjunto de habilidades cerebrais, aquelas que não vinham naturalmente para mim e que eu estava muito grata por estar desenvolvendo.

Remendei um trabalho simples de entalhe na mesma casa. Eu precisava esculpir numa porta o espaço onde ficaria a dobradiça. Desenhei o contorno da ferragem na madeira da porta e comecei a esculpir com o cinzel os 3 milímetros de profundidade.

As lascas de madeira descamavam em anéis sob a pressão do cinzel como tiras finas de papel, indo cair silenciosos no chão. Como gostei muito daqueles anéis, continuei. E enquanto eu tirava outra e outra lasca da madeira da porta acomodada entre minhas pernas, Mary aproximou-se.

Ela colocou a dobradiça no espaço que entalhei e sacudiu a cabeça. Estava 2 milímetros mais fundo.

— Não vai dar certo — disse, passando-me um recipiente que continha um enchimento de madeira castanho-acinzentado que eu deveria colocar no espaço de modo a poder começar de novo e tentar fazer direito.

Mas veja aqueles anéis, eu queria dizer. *Veja como são perfeitos.*

Colocar aquele enchimento no entalhe parecia errado, era como se eu estivesse contaminando a madeira pura com algo químico e artificial. A gosma pingava, grudava e fedia. Não cooperava de forma alguma. Apliquei o enchimento em diagonal no pequeno espaço onde iria a dobradiça. Mary voltou e inclinou-se sobre meu ombro.

— Isso não é glacê — disse ela. — Você não está enfeitando um bolo.

Respondi tudo bem e, conforme se afastava, Mary ainda completou:

— Às vezes, a coisa mais importante é saber quando parar.

4

GRAMPO

Sobre a necessidade da pressão

Entramos no terceiro ano de trabalho. Os serviços apareciam – banheiros, cozinhas, *decks*, estantes – e nós os fazíamos. O ritmo dos dias era natural agora; o compasso dos trabalhos, familiar. O outono se transformou em inverno e a acumulação de entulho no quintal da casa de Mary exibia a história de nossos meses e meses de labuta. Toda vez que terminávamos um serviço, tirávamos sacos e mais sacos de entulho do furgão e íamos acumulando-os numa pilha no quintal da casa dela, ao lado da cerca. Essa pilha já estava do tamanho de um vagão de metrô.

– Tenho que me livrar disso antes que comece a nevar – disse Mary.

Então, ela ligou para os caras da demolição, aqueles mesmos que cuidaram da chaminé de sua casa, e pediu para que fossem retirar a pilha de entulhos.

Numa manhã do mês de novembro, os três chegaram, o pai e os dois filhos, naquele mesmo velho caminhão, que estacionaram ao lado da pilha: canos de metal, placas de *drywall* e pedaços de gesso, uma cama box, um *pallet*, pedaços de vigas e traves, forros e fiação, azulejos e ladrilhos, restos de madeira de diferentes comprimentos e espessuras.

– Deve ter umas 5 toneladas aí – disse o chefe, com um sorriso debaixo do bigode denso.

Cinco toneladas me pareceu um peso impossível de ser carregado por três caras sozinhos em um dia. O filho loiro, o magro e com olhos vazios, subiu na pilha. Ficou lá, as mãos nos quadris minguados, rei de sua montanha de entulho. Inclinou-se, pegou um monte de pedaços de assoalho cravados de pregos grossos e pontiagudos e atirou-os na carroceria do caminhão. Um brado metálico, e com ele teve início o trabalho, o qual, uma vez começado, não parou mais. O repique da madeira batendo na carroceria do caminhão retumbava junto aos estilhaços empoeirados de *drywall*. Sacos cheios de entulho voavam feito travesseiros de pena.

O pai, mais uma vez, deixou os filhos fazerem o trabalho sujo e pesado. Eles içavam a carga e enchiam o caminhão enquanto o chefe discutia o sistema de carregamento, praticado e refinado ao longo de anos de experiência. Objetos planos e largos iam primeiro, tábuas grossas e compridas vinham depois. Empilhe tudo ordenadamente, em uma mesma direção. O metal vai no outro canto ele não ia para o lixo, dá para ganhar um bom dinheiro vendendo sucata. Materiais avulsos e formas estranhas vão em seguida, debaixo de sacos pesados que mantêm tudo no lugar durante a viagem. Quando um dos filhos colocou um saco de ripas, empoeirado e cheio de pregos enferrujados, na posição vertical, o chefe o repreendeu. Depois, explicou onde aquilo deveria ir e por quê. Falou paciente, sem raiva. Só queria que as coisas fossem feitas da forma certa e que o filho soubesse por que aquela era a forma certa.

Depois de detalhar o processo de carregamento, o chefe falou sobre as vantagens e as desvantagens dos lixões.

– Aquele lugar lá? Você não ia gostar de ir lá. Sabe por quê? Porque eles não estão nem aí. Tem pregos na entrada... entende? Vou te dizer, viu, aquele lugar é uma zona, e toda vez que você vai lá corre o risco de sair com o pneu furado. Não, você não ia gostar de ir lá.

Outro lugar por perto pegava tudo, ele me contou.

– Para eles, o que conta é o peso. Eles pegam tudo – repetiu. – Qualquer coisa. Quer dizer, até cadáveres.

– Fala sério – eu disse.

Ele olhou para mim com uma expressão circunspecta:

– Acha que isso não acontece? Acha que isso não acontece? Isso acontece, sim.

Cinco toneladas por fim não se mostraram um peso impossível para três caras carregarem sozinhos em um dia. Em menos de 1 hora, todas as tábuas, assoalhos e sacos de entulho foram colocados no caminhão e o quintal da casa de Mary ficou vazio, apenas a terra batida à mostra.

O chefe fez um sinal para a carga.

– Tá vendo tudo aquilo? Amanhã vai estar tudo enterrado a 150 metros no solo de Bangor, no Maine.

Senti que estava ouvindo segredos que eu não queria saber. Lixo enterrado, cadáveres em lixões, os restos de nossos serviços debaixo do chão, decompondo-se, sendo filtrados pela terra, causando danos impossíveis de serem vistos, os mesmos danos que causam em nossos corpos enquanto trabalhamos. Tive de novo aquele sentimento familiar de desconforto.

◆

Conforme eu me familiarizava com o trabalho, acostumava-me também com os medos que apareciam à galope antes de eu cair no sono à noite – o medo do pó e dos esporos e das toxinas a que nos expúnhamos no dia a dia. Com os olhos fechados, antes de adormecer, as últimas coisas que eu geralmente via na escuridão atrás de minhas pálpebras eram partículas de pó arrastando-se na luz, desenhando no ar uma dança que exprimia doença e ameaça. E quando eu tossia, logo pensava: "ah, este é o primeiro sinal dos tumores crescendo em meus pulmões".

Mary me achava neurótica e sempre tirava sarro de meu nervosismo. Aquilo era justo. Ela me dizia para olhar os caras com os quais trabalhávamos e que nunca usavam máscara de proteção. E ela também tolerava meus medos, o que era uma grande demonstração de carinho. Quando trabalhávamos no porão de sua casa, lixávamos o que tinha de ser lixado do lado de fora da casa, caso não estivesse chovendo. Muitas vezes ela misturava a argamassa para ladrilhos e azulejos porque sabia como eu odiava a poeira. Seguramente, ela desejava trabalhar com alguém que tivesse menos medo, pois as precauções podem desacelerar as coisas. E eu me preocupava com ela também.

Ela argumentou, em tom meio de brincadeira, que fumar protegia seus pulmões de venenos mais perigosos. Raramente usava máscara. "Nada vai entrar lá", ela dizia. "Por que você acha que fumo há tantos anos?"

Parte de mim comprou esse argumento mágico.

Eu vislumbrava seus pulmões cobertos por uma matéria negra, brilhantes, esburacados, sólidos. E, como se eu tivesse uma visão microscópica, imaginava partículas presas a eles, pedacinhos de fibra de vidro, fragmentos de arsênio da madeira tratada à pressão, formaldeído da cola de madeira, resíduos de cimento que começam a encruar quando se mistura à água. Via esses fragmentos flutuando em seus pulmões enegrecidos, à deriva, ricocheteando naquela matéria negra, a entrada negada.

Não havia proteção contra o alcatrão aderente de seus cigarros enrolados a mão. Apesar de saber disso, eu sentia que meus próprios pulmões rosados eram ainda mais vulneráveis sem aquele escudo negro.

Eu tinha o hábito de ler os rótulos de todos os produtos e materiais. E em algum lugar da seção de advertência de quase todos eles havia aquelas palavras: *Contém produtos químicos conhecidos no Estado da Califórnia por causar câncer.*

– Que bom que estamos em Massachusetts – Mary dizia.

Ela falou sobre alguns trabalhos de isolamento que fizera certa vez, disse que ia parar e comprar uma máscara.

– Não posso mais fazer isso. Isolamento, quero dizer. Fico com a boca toda rachada. – Depois, brincou sobre me comprar um equipamento completo de proteção e eu lhe disse que adoraria.

– Tá vendo? Você não precisa se preocupar – ela continuou. – Minha boca fica rachada agora. Seu corpo dá um jeito de dizer quando você está fazendo alguma coisa errada.

Não disse nada sobre a capacidade de meu corpo de também manter segredos obscuros.

Certa vez, no final de uma tarde de verão, alguns meses antes daquela manhã de novembro quando os caras da demolição apareceram para remover o entulho de seu quintal, Mary e eu nos sentamos durante nossa pausa para ver os pássaros mergulhar e voar no jardim que ficava no quintal da casa de uma cliente. Celine, a proprietária, juntou-se a nós. Ela comentou sobre o fato de eu sempre usar máscara e Mary jamais.

– Vocês ficam muito expostas. Nem imaginam ao que estão sujeitas – ela disse. Celine fazia seu próprio iogurte, de modo que podia guardá-lo em potes de vidro em vez de usar aqueles potinhos plásticos cheios de produtos químicos.

– Alguma coisa vai me pegar – Mary respondeu. Mas deu de ombros para aquilo com sua habitual indiferença irônica. Ela estava reconhecendo que *sim, algum dia eu vou morrer, não sei quando nem como,* mas havia também um quê de desdenho.

Talvez eu seja devorada por um urso polar ou por uma lesma canibal. Ela jogou a bituca no chão e apagou a brasa com o pé. – Contanto que não sejam meus pulmões. Essa é a única coisa que não quero.

O quê?! Eu queria sacudi-la. Você não quer ter problemas nos pulmões? Seja mais inteligente. Fume se quiser fumar, mas use uma porcaria de máscara! Uma vergonha veio logo depois da descrença e da frustração iniciais. Aquilo era algo sincero e vulnerável e me surpreendeu.

Fiquei me perguntando se alguma vez aquelas nuvens de pó apareciam para ela naqueles momentos que antecedem o sono. Fiquei me perguntando se ela se preocupava com a tosse. O pó da madeira e da argamassa e as fibras e o tabaco e o alcatrão, esses eram os fantasmas de Mary, as coisas que um dia vão tomá-la de assalto, as coisas que vão pegá-la no fim. Ela abre a porta para essas coisas, as convida para entrar. Talvez não seja uma pulsão de morte, mas algo mais parecido com a sensibilidade que Joseph Conrad captura em *O passageiro secreto*. Em um navio, um homem atira-se ao mar; a tripulação crê se tratar de um suicídio. "Eles que pensem o que quiserem, mas eu não queria me afogar. Eu queria nadar até afundar – e isso não é a mesma coisa."

◆

Os caras da demolição partiram naquela manhã, e o espaço vazio e a terra batida no quintal da casa de Mary marcavam o fim não oficial da estação. Em meados de novembro o trabalho começava a diminuir até cessar por completo no fim do ano. As pessoas não queriam caos e bagunça numa época de caos e bagunça e, de qualquer forma, marteladas não eram o melhor acompanhamento para as ceias do Dia de Ação de Graças ou para os brindes do Natal. Mary e eu arrumamos algumas coisas em seu porão, encobrimos algumas ferramentas, colocamos caixas de parafusos em caixotes, varremos o chão e organizamos tudo. Enquanto conversávamos, eu mexia num grampo de madeira Jorgensen, apertava e soltava as ponteiras de aço, girava os cabos para juntar as pontas de madeira, pressioná-las umas contra as outras, deixá-las mais e mais próximas antes de iniciar o movimento inverso. Feitos de madeira e aço, os grampos pressionam conforme se gira duas manivelas, como se você estivesse pedalando, mas com as mãos. São uma ferramenta poderosa, capaz de eliminar até mesmo os menores espaços entre duas peças de madeira quando suas manivelas são giradas. O poder dos grampos de madeira, a maneira como eles rasuram espaços, foi para mim outra surpresa – uma ferramenta tão simples, porém tão grave. Não deve ser à toa que o outro nome deles seja "sargento".

– Não tem nada marcado para as próximas semanas – disse Mary.

Girei os cabos do grampo, apertando as pontas novamente.

– Me ligue quando precisar.

Pendurei o grampo de madeira na *pegboard* junto com as outras ferramentas. A palavra em inglês para "grampo" [*clamps*] vem do alemão *klam*, que significa pressionar ou apertar. É daí também que as conchas apertadas do bivalve, como lábios cerrados em silêncio, herdaram o nome em inglês [*clams*].

Previ a desaceleração, o hiato do início do inverno. Era uma pausa para respirar, com um servicinho esporádico aqui e ali, até as coisas retomarem seu curso diligente no ano seguinte.

Nós nos despedimos e desejamos feliz Dia de Ação de Graças uma à outra e boa sorte para enfrentar a loucura das festas de fim de ano e dissemos que nos falaríamos antes do Natal.

O inverno trouxe consigo grandes nevascas à Boston, mais e mais fortes a cada semana. O ano novo chegou e esperei

notícias de Mary sobre o próximo grande bico que faríamos. Mas não recebi nenhuma ligação. Deixei mensagens na secretaria eletrônica: *Oi, Mary. Só estou ligando pra dizer oi e saber o que está planejando pras próximas semanas. Me liga.*
Nenhuma resposta.
Os dias eram curtos e cheios de neve. Grandes montes de neve deixavam as ruas estreitas e grandes disputas por vagas de estacionamento fulguravam em toda a cidade. Cones de sinalização e cadeiras dobráveis marcavam vagas guardadas e cavadas na neve.
Eu li, escrevi e fiz longas caminhadas na neve. Há maneiras piores de passar o dia. Eu ficava na rua até mais tarde e dizia: "claro, adoraria outra cerveja; não tenho nada para fazer amanhã, não preciso levantar cedo, não preciso descansar meu corpo ou minha mente".
Emagreci, fiquei mais fraca. Os músculos fortalecidos pelo uso de serras e martelos e furadeiras diminuíram, ficaram mais preguiçosos com a falta de uso. Os dias se desintegravam.
Períodos de ociosidade devem ser saboreados. Épocas de produtividade baixa podem ser um dos luxos da vida. Embora possa não haver prova física de ação ou criação – nada escrito, nada construído –, esse tempo raramente é um desperdício; quebra-cabeças são explorados e problemas são resolvidos em nossa mente. E esses tempos de calmaria me deram a oportunidade de limpar a imundice emocional que se acumula e cobre meu cérebro com o passar do tempo. Afinal, os campos ficam um tempo sem serem cultivados para que a terra fique fértil para as lavouras futuras. Só porque não conseguimos ver as hastes de milho ou o movimento sinuoso do trigo, isso não quer dizer que nada de válido esteja acontecendo debaixo da terra.
Em um poema intitulado *Dia de verão*, Mary Oliver escreve sobre caminhar pelos campos e ajoelhar-se na grama, estar "inerte e abençoada". "Diga, que mais deveria eu ter feito? / Tudo não morre mesmo enfim, e logo demais?"

Ela escreveu esse poema em 1990, antes de muitos de nós termos celulares. Algumas décadas depois, em nosso frenesi precipitado, quem tem tempo para ser "inerte e abençoado"? Quem além dos poetas ajoelha-se na grama? Caminhar pelo campo pode parecer preguiçoso, mas pense bem, diz Oliver, quem sabe o que pode acontecer na inércia? Quem pode adivinhar o que poderá ser descoberto quando se olha nos olhos de um gafanhoto? E ela nos dá uma advertência capital: "Tudo não morre mesmo enfim, e logo demais?". Isso é a grama. Isso é o gafanhoto, a raposa e a flor. Isso é você também. E eu.

Não podemos agarrar todos os momentos, mas é bom parar um pouco e reconsiderar nossos planos. Ajoelhar-se na grama dos campos, rir com amigos em um bar, observar os veios e os nós dos assoalhos. Essa advertência não é original, mas para aqueles períodos de ociosidade parecerem significativos e admiráveis, eles precisam ser rematados por uma realização, pela criação.

Mas aquela pausa na carpintaria não foi um período de ociosidade. Não tinha aquela sensação de fertilidade. A propensão de passar nove dias em uma tarefa que deveria levar dois, ou um dia em algo que não deveria levar mais do que 40 minutos, provocava uma sensação de inutilidade e levantava interminavelmente a pergunta: "e agora?". Eu não sabia quando ou se o serviço voltaria e permiti que o medo me impedisse de traduzir aquele período de sossego e inércia em algo produtivo ou virtuoso.

◆

Quanto mais você faz, mais fica pronto. Não lembro onde ouvi esse adágio, mas sei quando descobri sua verdade. Meu pai perdeu o emprego em 2001, alguns meses depois de eu terminar a faculdade. Eu não morava mais com ele, mas meu irmão mais novo descreveu a cena daquela súbita nova condição. Meu pai passava horas a fio no computador jogando gamão e paciência, lendo fóruns sobre pesca, rolando preguiçosamente páginas e mais páginas. Do escritório, um som constante de cliques à deriva, um compasso que à noite era marcado pelo barulho dos cubos de gelo batendo no vidro do copo quando ele tomava outro gole de uísque.

    No início houve esforços. Currículos resgatados, atualizados, enviados; almoços e cafés com velhos amigos. Com o tempo, esses esforços diminuíram. A determinação pareceu evaporar. Talvez encontrar um emprego adequado aos 55 anos parecesse impossível, talvez a inicial falta de resposta indicasse que não valia a pena continuar tentando. Do alto de meus 22 anos, isso não parecia tão impossível como para meu pai. Parecia mais uma questão de organização, e era estranho e assustador de se assistir. Se houve o medo e a vergonha como motivadores, eles tinham sido lançados em um buraco profundo no chão, muito abaixo da linha de congelamento, enterrados lá debaixo da terra escura para que qualquer evidência deles desaparecesse, fossem mastigados pelos vermes, virassem compostagem, inacessíveis até mesmo para meu pai.

    – O que vai fazer hoje, pai? – perguntávamos.

    – Tenho consulta no dentista marcada para as 3 horas – ele respondia e esperávamos mais. Como não havia mais nada para fazer, uma limpeza dentária era a tarefa do dia, então, ele vestia um terno e pegava a pasta de couro e mostrava ao mundo que era um homem que usava uma gravata de 85 dólares. Na época, aquilo me pareceu uma grande mentira. Ele enganava as outras pessoas na sala de espera enquanto folheava edições velhas da *Time*; enganava o dentista e o higienista enquanto eles passavam fio dental em seus dentes, enxaguavam sua boca e lhe pediam para cuspir; enganava o motorista parado a seu lado no semáforo enquanto dirigia de volta para casa. Eu sabia a verdade, ou achava que sabia, com a indignação e a segurança de alguém que pagava seu próprio aluguel há quase um ano. A gravata, a pasta, aqueles eram logros destinados a fazer as pessoas acreditarem que aquele bem-sucedido homem de negócios estava voltando direto para o escritório depois de fazer a limpeza dentária.

Havia tanto que eu não sabia naquela época. Só depois de eu sair do emprego no jornal é que percebi a importância que uma parte de minha identidade ganhara enquanto eu trabalhava lá. Falo de minha capacidade de entender a mim mesma e de me fazer ser entendida pelas outras pessoas. *O que eu sou agora?*, eu me perguntava, agora que estava sem trabalho. E aquilo foi depois de menos de uma década. A vida profissional de meu pai se estendera por mais de trinta anos e esse é um hábito e uma maneira de se ver difíceis de serem superados da noite para o dia. Eu era incapaz de imaginar o terror de perder o emprego (e parte da maneira de me ver) naquela idade. Não é à toa que meu pai fazia o que podia para manter as aparências. Não é à toa que ele vestia um terno e pegava a pasta de couro e escolhia a gravata favorita no guarda-roupa. Talvez não fosse uma mentira afinal de contas, não fosse um logro, mas a manutenção da forma como ele se via e como queria ser visto.

Passaram-se meses e meu pai ainda não estava trabalhando. Minha mãe me disse baixinho ao telefone: "Ele sempre está *por perto*, nunca sai de casa". Ela tinha começado a acordar às 4 horas e trinta minutos da manhã para ter um tempo sozinha antes de sair para o trabalho. Imaginá-la na escuridão do fim da madrugada, banhada e vestida, sozinha com sua xícara de café me dá uma tristeza que não tenho palavras para descrever. "É a melhor parte do dia", ela disse.

Isso não é um problema?, eu me perguntava. *Ele não deveria estar trabalhando?* Então, eu perguntava à minha mãe: "Você em algum momento chega para ele e fala, ei, você não precisa trabalhar, não?". Mas ela não queria ficar reclamando, respondeu.

Disse que, se perguntasse uma vez, não conseguiria mais se conter e perguntaria todos os dias. Aquilo me pareceu um erro. Mesmo o pouco que eu sabia na época sobre relacionamentos e desemprego era suficiente para perceber que aquela não era a melhor forma de lidar com a situação. Por que não juntar força de vontade o suficiente para perguntar uma vez e voltar a perguntar um tempo depois? Não reclamar me parecia uma boa desculpa, mas alguém que passa o dia todo mexendo peças de gamão em um tabuleiro virtual não merece um cutucão? E se ela trocasse o verbo "reclamar" e todas as suas conotações de dominação e do pior da desgastante vida conjugal pelo verbo "desafiar" ou, quem sabe, pelo neutro "perguntar"? Ela nunca perguntava como estava a procura de emprego ou se ele estava tendo alguma sorte, ou se tinha pensado nisso ou naquilo outro. Não havia nem incentivo, nem pressão. Nem um "estou torcendo por você", nem um "dá um jeito nisso logo". Meu pai interpretava aquele silêncio como falta de interesse e, em seu tom, ele deixava transparecer a acusação quando falava comigo sobre como seria diferente "se pelo menos sua mãe tivesse me perguntado...".

Aos 22 anos reconheci, com a profunda tristeza que acompanha o fato de ver os pais como suscetíveis ao erro, que aquilo era um fracasso. É claro que minha mãe devia ter falado com ele e que essa conversa devia ter tido um tom de urgência. E é claro que meu pai devia ter sido capaz de encontrar motivação para procurar emprego independente do que minha mãe dizia ou deixava de dizer.

E então veio a época dos biscoitos. Na porta da geladeira sempre tinha uma caixa de leite desnatado coalhado e cheirando azedo. E, de manhã, uma fornada de triangulinhos de massa quente – limão, gengibre, mirtilo, uva passa, raspas de laranja – esfriava em uma assadeira. Além daquela, recém-saída do forno, havia já no balcão três dúzias já prontas amontoadas como travesseirinhos dentro de sacos plásticos com *zip-lock*. Eram gostosos. Não muito secos, nem muito doces, desmanchavam na boca, um sabor suave, delicado e nutritivo. Mas tinha muito e entendo como fazer uma fornada de biscoitos pode parecer mais produtivo do que passar 60 horas por semana em um trabalho inútil. Os resultados são quantificáveis, concretos no mundo, úteis. Os biscoitos são essenciais, mas será que bastam? Talvez para meu pai, por um tempo, eles bastassem. "Estamos garantidos", meu irmão brincava, apontando para os sacos no balcão abaixo da janela na cozinha.

Naquele inverno em Cambridge, enquanto eu esperava a ligação de Mary e não estava trabalhando nem sabia quando voltaria a trabalhar, senti uma falta de propósito. Eu queria ser útil, contribuir para o mundo. Construir uma estante ou instalar um assoalho não reverteria o aquecimento global, mas era melhor do que o que eu estava fazendo, deitada no sofá, enrolada num cobertor, olhando para o nada e absorvendo nada enquanto as opiniões e as imagens, as notícias e os ruídos rolavam lentamente pela tela do computador e desapareciam, como se despencassem atrás de uma montanha invisível, caíssem no nada. As horas se passavam assim.

Meu pai se recusava a considerar e aceitar trabalhos que achava que estavam abaixo de seu nível, mesmo em áreas que o interessavam. Leitor regular e dedicado, zombou da ideia de trabalhar em uma livraria. Jardineiro metódico, zombou da ideia de arrumar um trabalho numa estufa. Essas propostas, sugeridas por meu irmão e por mim, eram insultos para ele. O orgulho o impedia de reconhecer o valor de fazer parte de algo maior do que ele, de perceber que havia dignidade em ajudar alguém a encontrar o livro certo ou em ajudar alguém a fazer suas hortênsias florescerem. Mas meu pai era bom demais para trabalhos como aqueles. Então, em vez de aceitá-los, não fazia nada.

Quando amanhã é sempre uma opção, um lugar vazio, a pressa de fazer as coisas não exerce pressão. As coisas vão ficando sem serem feitas e as horas dos dias vão rolando e passando e caindo no chão como lascas de madeira raspadas de um pedaço de pinho inútil, varridas para pás e jogadas no lixo.

Em uma visita num fim de semana, passei pela porta do escritório, onde meu pai navegava na *internet*. Segui meu caminho, confusa pela nova mistura terrível de sentimentos que aquilo provocava, dó e frustração, decepção e um terrível pesar. Naquele dia, mais tarde, vi pela janela meu pai no quintal. Sobre a grama, ele segurava sua vara de pescar enquanto o entardecer tingia o céu, um rubor tímido. Estava de pé, a vara ao lado do ombro direito, e com um movimento ligeiro da cintura, hábil e preciso, lançou a linha no ar, o braço direito investido à frente, a isca arremessada num rio imaginário. De novo e de novo ele repetia o mesmo movimento. E eu assistia enquanto meu pai lançava a isca em direção a uma cerca de madeira, ouvia o chiado da linha chicoteando no ar do início da noite.

Fiquei me perguntando se ele alguma vez foi pescar de novo.

Naqueles meses, que se estenderam por anos, às vezes minha mãe chegava da pré-escola na qual era diretora e meu pai descia as escadas, ia até a cozinha e dizia: "Acabou o leite". Eles se divorciaram.

◆

As horas de inquietação deixaram meu sono cada vez mais leve e oscilante. O que vou fazer amanhã? Como vou pagar o aluguel? O que o chumbo da tinta, o amianto, as partículas do pó de madeira estão fazendo dentro de mim agora? Eu tinha tempo e voltava meus olhos *para dentro*, espreitava dentro de mim e não conseguia ver nada. A escuridão era total e eu me perguntava, lá dentro, onde eu estava.

Eu tinha diligentemente guardado dinheiro quando trabalhava no jornal, levado uma vida simples, acumulado o que considerava uma pequena fortuna. Mas essa poupança estava acabando. Minha autoestima se esvaía como minha conta corrente. Como é que cheguei a esse ponto?

E eu sentia falta do trabalho. Sentia falta de Mary. Sentia falta da sensação de segurar uma tábua de ipê. Sentia falta de chegar em casa, os músculos esgotados, faminta, imunda. Sentia falta do cansaço merecido, da satisfação de ter construído algo ao longo do dia. Eu queria voltar a construir coisas. Queria me sentir viva.

Pontos de interrogação e tempo ocioso decoravam as paredes de uma angústia persistente, de uma dúvida, de uma verdadeira depressão. Minhas economias já estavam quase no fim quando ouvi boatos de que meu antigo jornal tinha uma vaga aberta. Só de pensar em voltar, em retornar ao lugar que eu deixara, já me dava um aperto no peito, um sentimento de vergonha. Mas ter um salário, um plano de saúde e a sensação de ser parte de algo novamente era mais forte do que a vergonha. E talvez eu ainda pudesse continuar fazendo alguns trabalhos de carpintaria extraoficialmente. Derrotada e triste, liguei para meu ex-chefe e lhe disse que sim, que eu estava muito interessada, que adoraria voltar. E com uma satisfação provocadora na voz, ele perguntou: "E o trabalho de carpintaria, não deu certo?". Eu estava de pé em uma esquina de Beacon Hill, perto de um SUV luxuoso do tamanho de um hipopótamo, observando transeuntes, madames e cãezinhos subir e descer a Charles Street. Apertei o maxilar quando ouvi aquela pergunta, fechei os olhos. O trabalho de carpintaria *estava* dando certo para mim. Era pesado, sujo e provavelmente tóxico às vezes, mas era o trabalho que aprendi a amar. O único problema era que não tinha trabalho o suficiente. De pé naquela calçada, com o telefone no ouvido, percebi o quanto eu preferia tirar o assoalho de um porão úmido a voltar à redação do jornal. Mas a necessidade urgente de dinheiro e de um plano de saúde, a urgência de preencher meus dias com algum objetivo falava mais alto do que meu orgulho.

– Eu adoraria voltar – falei.

– Bom, adoraríamos tê-la de volta – falou meu ex-chefe. Depois, disse que providenciaria tudo nos próximos dias.

Estremeci na calçada. Num beco estreito no qual mal cabia um carro, as luzes dos postes se acenderam, chamas falsas imitando lamparinas antigas e tremeluzindo nas paredes de tijolo. Imediatamente voltei no tempo. Poderia ser 1850, não poderia? Imaginei mães com seus colares de pérola e carrinhos de bebê e cãezinhos passando. O vento gelado fazia meus olhos lacrimejarem.

No caminho de volta para casa, tentei me convencer de que queria aquilo. Tentei recuperar a lembrança dos serviços de merda e das vezes que odiei a carpintaria. Pense na vez em que você trabalhou na casa daquelas irmãs haitianas, eu disse para mim mesma, onde elas deixavam o aquecedor nos 30 graus e um dos filhos estava com gastroenterite e tinha vômito no chão do hall de entrada e na pia do banheiro. Pense em como, no porão da casa delas, antes de instalarmos o assoalho de bambu, tivemos de arrancar aquele carpete velho e imundo e em como o porão era tão quente quanto o resto da casa e o carpete deixava o cômodo todo fedendo a mofo. Pense em como Mary trabalhou construindo novos degraus para a escada que levava àquele porão enquanto você arrancava o carpete e em como você sentiu inveja dela, entretida com a trena e a madeira enquanto você puxava e enrolava aquele carpete marrom. Pense nos ácaros e no pó e em como eles pareciam sentir uma atração magnética por seu rosto, e em como o suor pingava de suas têmporas enquanto você usava uma lâmina para rasgar o carpete felpudo, como se estivesse esfolando um personagem da Vila Sésamo. Lembre-se de como os grampos picavam seus braços como milhares de demônios. Lembre-se de como você detestou aquele dia.

E tentei recuperar lembranças agradáveis do jornal em que trabalhei – as pessoas de que eu gostava e que respeitava e que ainda trabalhavam lá, as poucas que restaram, e para as quais eu sempre escrevia. Eu voltaria a caminhar até o trabalho, atravessaria novamente os marcadores de *smoots* na ponte de Harvard. (Isso, acima de tudo, era o que me atraía mais.) Pensei no pagamento regular, em poder voltar a fazer minha poupança. Sim, aquele era o caminho certo, não tem problema algum em voltar atrás. Não é um fracasso. ("Fracasso", meu cérebro repetia.)

Duas semanas se passaram e nada de meu ex-chefe telefonar. Então, fiquei sabendo que eles tinham contratado outra pessoa.

Em meu estado de melancolia e confusão, a decepção e a raiva vieram não por eu não ter conseguido o emprego, mas por nem ter sido comunicada. Não era que eu não fosse boa o suficiente, era pior: eu tinha sido esquecida.

◆

Desperta durante a noite, para afastar de minha mente os pensamentos que bradavam ainda mais alto quando estava escuro e que aceleravam meu coração, eu pensava numa casa que construiria com minhas próprias mãos. Deitada na cama, eu esboçava a planta baixa, levantava paredes, imaginava os ladrilhos e as estantes e as janelas dos quartos, os armários da cozinha, as bancadas e as dispensas, refletia sobre as soleiras, a iluminação, o aquecimento. Estive em várias casas com Mary e usava o que tinha vistos nelas como inspiração. Percorria os trabalhos em minha mente, aqueles de que gostava e aqueles que não. Começava pela armação, vislumbrava o esqueleto, as vigas atravessando o piso. Eu as cobria com madeira compensada, contrapiso, assoalho, cerejeira talvez, ou tábuas largas e rústicas de madeira de demolição – pinheiro, talvez. Sentia o martelo na mão e imaginava o esforço, imaginava o pregador pneumático, alimentado por ar comprimido, e a pancada surda ao golpear seu botão de borracha com um martelo com cabeça de borracha. O baque do prego entrando na madeira é o ruído e o ato mais recompensadores que existem. Instalar assoalho de madeira é gratificante. Um cômodo se transforma quando passado do cimento ou do contrapiso – vísceras inacabadas e sujas – à madeira regular, cheia de nós e redemoinhos que espiralam como ondas. A cor fica mais intensa com o tempo, as ranhuras e os riscos na madeira vão cicatrizar, a vida vai deixar sua marca, desgastá-la.

Em minha mente, à noite, eu distribuía paredes e janelas, que emoldurava primeiro com dois batentes, martelo e pregos, uma parede coberta de janelas, uma trave espessa para sustentar o peso. Depois, o *drywall*, os rodapés, as ferragens, o reboco e a pintura. Via onde seria a porta da cozinha, serrava mentalmente pedaços de guarnição, preenchia os buracos dos pregos com massa de vidraceiro. Imaginava uma lareira e descobria que eu teria que contratar um pedreiro. Instalava uma claraboia sobre a banheira no segundo andar, como a que eu tinha visto em algum lugar onde tínhamos construído grandes estantes embutidas. Imaginava ir de cômodo em cômodo para encontrar o fluxo exato. Eu queria salas, portais e paredes, espaços divididos de acordo com a função, não uma cozinha que dava em uma sala de jantar que dava em uma sala de estar. Faria a varanda nos fundos de imbuia e testemunharia sua cor doce de canela desbotar em tons de cinza como as telhas das casas à beira-mar desbotam.

Esses pensamentos mergulhavam meu cérebro em tranquilidade tarde da noite.

Em um ensaio intitulado *On going home*, Joan Didion escreve sobre o retorno à casa em que cresceu. "Paralisada pela lassitude engendrada pelo encontro do passado de alguém a cada passo, em cada canto, dentro de cada armário, vou inadvertidamente de cômodo em cômodo. Decido enfrentar aquilo de cabeça erguida e esvaziar uma gaveta. Esparramo os objetos sobre a cama: um traje de banho que usei no verão de meus 17 anos, uma carta de recusa do *The Nation*, uma fotografia aérea de um terreno para um *shopping center* que meu pai não construiu em 1954."

Quando meus pais se separaram, minha mãe foi morar num apartamento em uma cidadezinha litorânea no Maine. Levou consigo todos os álbuns de fotografia. Quando a visito, sempre os percorro depois que ela vai dormir, como Didion esvaziando sua velha gaveta.

Meu pai alugou uma casa numa cidade no litoral sul de Massachusetts. Colocou todas as suas coisas em um depósito. O lugar em que foi morar já estava mobiliado – talvez ele conseguisse se sentir em casa depois de um tempo usando os talheres de um estranho. Nunca funcionou comigo.

A casa de minha avó tornou-se o único lugar familiar, guardando nas paredes todas as fases de minha vida, a exposição completa. E não apenas de minha vida, mas das vidas de toda a minha família – minha mãe e meu pai juntos e meus irmãos e, um pouco menos, meus primos, tias e tios, a família ampliada e ampliada, todos unidos naquele único lugar. Sempre que vou lá, percorro todos os cômodos. Abro todas as gavetas, em busca de tesouros, de acionadores de memórias, de ligações. Um retrato emoldurado enfiado no fundo da prateleira de uma escrivaninha mostra minha mãe e seus quatro irmãos com seus cônjuges, todos começando suas novas vidas antes da chegada das crianças. Estavam reunidos para o Natal com minha avó, os pratos fartos da ceia ainda expostos sobre a mesa. Minha avó está no meio da fotografia, mais esbelta, mais alta, mais grave. Caso aquele retrato fosse tirado agora, quatro dos cinco cônjuges de meus tios estariam ausentes: uma morte, três divórcios. O sangue funciona como uma espécie de grampo. Ele nos une, apaga as distâncias, mesmo quando as queremos tanto, com uma sensação claustrofóbica – muito perto, muito perto – e aquele aperto no peito, uma falta apertada. O sangue nos une, independentemente de tudo, há sempre uma linha em comum.

Fui à casa de minha avó no mês de março daquele longo inverno. Ela não morava mais lá – com a mente confusa e o corpo forte, ela vivia agora em uma casa de repouso em Bedford, Massachussetts. A casa continuava na família e, àquela altura, as paredes de meu apartamento tinham se tornado muito familiares, uma proximidade perturbadora, forte como um torno, e ganhando intensidade a cada dia. O verbo "fugir" me veio à mente, não no sentido frequente de férias num lugar tropical, mas no sentido de fuga de uma prisão. A casa de minha avó era meu lugar favorito e eu tinha passado do ponto de ser incapaz de justificar alguma coisa boa para mim mesma – durante um tempo, eu sentia que não merecia um tempo, uma mudança de ares, uma distração. Aquilo havia aberto caminho para um desespero, uma consciência da necessidade de escapar, mesmo que por alguns dias apenas.

As tábuas no sótão da casa de minha avó são largas. Pinho amarelo, 2,5 centímetros de espessura, 2,5 metros de comprimento, quase 60 centímetros de largura. Eu dormia lá nos verões de minha infância. Teias de aranha pendiam empoeiradas das vigas, e as lamúrias noturnas, o gemido e o rangido da madeira sob o peso, aqueles ruídos eram fantasmas. Camaradas, mas fantasmas. Uma escada leva até uma escotilha no teto, um alçapão pesado para o céu. Eu passava horas lá durante as noites em minha adolescência. O sótão cheirava a madeira e a poeira, um odor seco e antigo, concentrado em sua vivacidade, um tipo de pressão diferente daquela exercida pelas paredes de meu apartamento.

Olhando para as tábuas que forravam as paredes e o teto alto e piramidal, o ditado "não se fazem mais coisas assim" ganha vida, pois não é mais possível fazer coisas assim. Para ter tábuas daquela largura é preciso árvores daquela largura, e já cortamos praticamente todas as árvores assim e as novas não têm tempo para encorpar, um anel por ano. (Imagine se a cada aniversário fôssemos marcados de alguma forma, cicatrizes físicas, não as rugas em volta dos olhos ou a flacidez da pele, mas algo que pudéssemos calcular, enumerar.)

Retratos velhos de pessoas cujo nome eu jamais soubera, há muito tempo mortas, preenchiam molduras. Um monte de colchas velhas, malas com fechos enferrujados, uma bicama, cadeiras quebradas levadas lá para cima de outras partes da casa. Era melhor em dias de tempestade, quando a chuva batia direto nas telhas logo acima, um hino encharcado e constante de chuva no telhado como o farfalhar de asinhas batendo. A casa amplificava as vozes do vento e eu descobria a direção em que ele soprava com base na afinação do uivo ou do lamento ou do sussurro.

Em um canto do sótão, em uma bagunça de caixas empoeiradas e malas velhas, eriçava-se uma parte da tábua com um pouco menos de 2,5 centímetros de espessura e cerca de 1 metro de comprimento. Com 40 centímetros de largura, aquela tábua tinha surgido de uma grande árvore de 150 anos ou mais. Talhos marcavam um de seus lados: seis. Levei aquela tábua comigo quando parti.

Isso causou comentários enquanto eu andava pela cidade com ela debaixo do braço.

– Vai surfar? – um homem fez piada.

– Essa tá boa – comentou outro engraçadinho.

– Que madeira é essa? – perguntou um senhor de bigode.
– Pinho – respondeu seu acompanhante antes de mim. Ele tinha um nariz de águia e mechas de cabelos brancos na cabeça lisa. Suas roupas ajustavam-se ao clima. Perguntei se ele sabia o que significavam aquelas marcas.
– Sei – respondeu. Então, explicou que antigamente muitas casas eram transportadas de um lugar para outro e que aquelas marcas eram uma forma de os construtores saberem quais partes iam aonde quando tudo fosse reunido de novo.

Levei a tábua para casa e passei horas lixando-a, tirando a poeira e a sujeira, alisando a superfície áspera. O pó flutuava com a brisa, emanava o cheiro do sótão. Minhas narinas ardiam conforme o áspero dava lugar ao delicado que havia logo abaixo. Anéis e veios revelaram-se. Ocultados sob o corte ríspido de uma serra bruta havia mais de um século, os nós escuros ficaram mais escuros, olhos densos na madeira. Redemoinhos e ondas que lembravam os sulcos num banco de areia pareciam emergir conforme a lixa desgastava as camadas mais rústicas. Depois do lixamento metódico, a madeira passou do marrom avermelhado escuro e empoeirado a um tom mais pálido, as voltas e os anéis e as linhas do grão exibindo uma cor salmão, um rosado vívido. Depois de horas com a lixa, o grão ficava mais e mais fino, e deslizar a palma da mão pela madeira era como tocar um veludo, a pele de um bebê, uma bochecha delicada. Sempre fico surpresa com essa transformação, a forma como a madeira, com um pouco de esforço, pode ficar tão suave ao toque. É um milagre da transformação e me comove. Como a madeira fica diferente e, ainda assim, permanece a mesma. Apliquei um acabamento, uma combinação de poliuretano e óleo de tungue e óleo de linhaça. Tinha um aroma picante de vinagre de maçã misturado com o cheiro forte e causticante de aguarrás. Usei um pedaço rasgado de uma velha camiseta rosa clara. A mistura tinha a textura de mel e a madeira a absorveu assim que a apliquei. A cor mudou outra vez. Os tons de marrom avermelhado ressurgiram, como se respondessem a um imã, e a madeira passou do claro ao opulente, a cor do outono. Os olhos, os grandes nós, enegreceram, apenas pupilas agora, e os redemoinhos e os anéis ganharam um intenso laranja escuro, uma chama contra a cor de fundo da madeira. Dei-lhe pés de ferro e é uma mesa agora, esse pedaço de madeira do sótão da casa de minha avó. Os talhos marcados estão na parte de baixo, um segredo, um lembrete de que tudo, quase tudo, pode ser reunido de novo.

◆

No início de abril, peguei o telefone, decidida a ligar de novo para Mary, ser firme e lhe dizer que, se não houvesse previsão de nenhum trabalho, eu precisaria procurar outro. Hesitei conforme rolava a agenda no celular em busca do número dela. Aquela não era uma ligação que eu queria fazer. A resposta possível – *n*ão, desculpe, *não tem nada, agora é por sua conta* – era uma que eu não queria enfrentar. Olhei para seu nome na agenda do celular. Para criar coragem, pensei em contar sobre a mesa que eu tinha feito e aquele me pareceu um bom motivo para ligar. Pressionei o nome dela no telefone.

– E aí, tudo bem?! – Mary exclamou, sem dizer "alô".

– É… bem, bem. Faz tanto tempo que…

– Eu ia te ligar. Consegui um serviço em South End. Começamos na segunda. Talvez esse seja meio esquisito. Oito e meia está bom pra você?

Sim, eu disse. Sim, estava bom pra mim.

5

SERRA

Sobre separar uma parte do todo

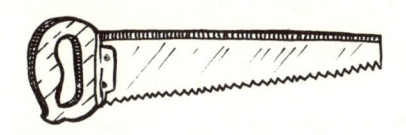

Na segunda de manhã, chegamos ao local, uma rua arborizada cheia de belas casas geminadas de tijolos à vista em South End, reduto da classe média-alta de Boston e endereço de inúmeros bons restaurantes e galerias. O prédio ficava a algumas quadras da agitação da Tremont Street, do Boston Center for the Arts, com seu Cyclorama e seus ateliês, do Boston Ballet, de um restaurante especializado em ostras, de um bar subterrâneo e sua pretensa atmosfera boêmia e de boutiques de objetos caros. A porta da frente estava trancada e Mary ainda não tinha uma chave.

Ela tocou a campainha. Nenhuma resposta. Tocou de novo.

– Acho que temos um problema – disse. Estávamos um tanto quanto inibidas depois de quase seis meses sem nos vermos. Ela pegou o celular e telefonou para a dona da casa. Nenhuma resposta.– Estamos na porta da sua casa, esperando. Até logo – registrou na secretaria eletrônica.

Esperamos ali mais alguns minutos. Fazia frio, um frio que anunciava o calor que estava chegando. O inverno, que dura para sempre em Massachusetts, havia terminado. Os botões das flores e as árvores ainda não tinham começado a brotar, mas não demoraria muito agora. Uma placidez no ar confidenciava a floração vindoura. Apertei a campainha. Conseguíamos ouvir o som ecoando no segundo andar. Por fim, ouvimos passos escada abaixo e a porta foi aberta. A mulher ficou lá, parada, cabelos bagunçados, olhos inchados, uma calça larga de pijama e uma camiseta caindo no ombro.

– Oi, Nidhi – disse Mary. – Desculpe acordá-la.

Sem dizer nenhuma palavra, Nidhi se virou e subiu as escadas. Nós a seguimos. Ela entrou em seu apartamento e virou à direita no corredor.

– Ainda estou dormindo – disse ao fechar a porta do quarto.

Tínhamos sido contratadas por uma corretora conhecida de Mary para reformar o apartamento, consertar os armários e os corrimãos, aplainar estantes embutidas vergadas com o tempo, pintar por cima de pinturas inacabadas (*Isso me faz pensar em "surto psicótico"*, disse Mary a respeito de uma parte pintada de roxo brilhante), refazer o banheiro (o que exigiria muito suor) e instalar gabinetes novos. Em resumo, retocar o imóvel antes de colocá-lo à venda. Ele precisava ser reformado. E aquele era um bom serviço para recomeçarmos – vários consertos rápidos e itens fáceis de serem riscados da lista de afazeres, nada muito desafiador enquanto recolocássemos nossos pés no chão.

– Você devia ter visto esse lugar na semana passada – Mary sussurrou. – Tinha porcaria por todo lado, não dava nem pra se mexer. – Senti a proximidade de estarmos trabalhando juntas de novo. Após um intervalo de meses, foi necessário apenas um "escuta essa" enquanto carregávamos e descarregávamos o furgão para nosso companheirismo voltar. Mary me deu outras informações. A mulher estava trabalhando com uma *personal organizer* e, embora elas tivessem feito algum progresso, trafegar pelo apartamento era um desafio. Luminárias aqui, caixotes ali, montes de saco de lixo acolá, caixas com mensagens nada sutis, como !!!FRÁGIL!!!, outras com a mensagem LINGERIE USADA RARAMENTE, latas de laquê, tiaras, uma cesta cheia de óculos escuros, espelhos – vários espelhos, espelhos grandes – inclinando-se em ângulos precários, criando reflexos alongados como numa sala de espelhos de um parque de diversões. A manhã estava luminosa e clara, mas dentro do apartamento havia penumbra, como no instante antes de a tarde ser engolfada pela noite. As persianas estavam fechadas e, sobre elas, pendiam grossas cortinas escuras. Embaixo, contra a vidraça, capas de discos antigos. Um dos primeiros álbuns do R.E.M. mostrava Michael Stipe com óculos e cabelos grossos e ondulados. Parecia estar preso lá, imperturbado, há semanas.

– Não sei se a chamaria de acumuladora – Mary sussurrou enquanto subimos as escadas carregando nossos baldes cheios de ferramentas, panos e dois galões de tinta. Mas aposto que isso é porque na casa dos acumuladores que vemos nos programas de TV há carcaças de gatos apodrecendo debaixo de pilhas de porcelanas trincadas e amostras de tecido e bonecas velhas. Aquele lugar não era assustador, mas era evidente que ia além do caos de uma mudança iminente.

– Voltei a fumar – Nidhi disse quando saiu do quarto por volta do meio-dia, ainda de pijama, mas com os cabelos já arrumados. – Por causa da mudança. Eu tinha parado por dez anos. – Ela estava se mudando para a Pensilvânia, para ficar mais perto da mãe. – Morei aqui por treze anos – continuou. – Chegou a hora de bater as asas e voar. – Pareceu ensaiada a maneira como ela disse isso, como se ainda estivesse tentando se convencer ou repetindo as palavras de outra pessoa.

Eu me atrapalhava com as ferramentas, sem prática, e meu coração batia forte no peito e minha respiração ficava ofegante conforme eu subia as escadas com as serras e com os baldes de ferramentas. Mas aquilo me era familiar também, como recuperar uma receita que você não faz há algum tempo – você se lembra de pegar a faca e de quando adicionar o sal, mas há uma hesitação, uma dúvida, *está certo*, é isso mesmo? Mas vasculhando o balde de ferramentas em busca de uma chave de fenda, serrando um pedaço de madeira, sentindo o cheiro limpo de pinheiro encher a sala, eu pensei: *Claro que sim. Eu lembro disso.* E aquilo me fez sorrir. Também me rendeu uma farpa no dedo.

Mary havia me pedido para consertar alguns armários que estavam desmoronando no quarto. Pregada na frente de um deles havia uma lista de perguntas. A letra cursiva nítida e confiante, que devia pertencer a alguém que ajudava as pessoas a organizarem suas vidas, enumerava critérios de seleção e observância:

É atual? É de boa qualidade, preciso ou confiável?
Usei essa peça no último ano?
Posso usá-la com pelo menos três roupas que eu tenho?
Quantas peças como essa já tenho? Escolha a melhor, limite a quantidade.
É uma peça exclusiva?
Será que ela representa quem eu sou? Eu me sinto confortável quando a uso?
Ela favorece meu corpo?

Imaginei Nidhi pegando um colar com o fecho quebrado, um suporte velho para xampu, um cardigã com botões soltos comprado num brechó e lendo aquela lista. Manter ou jogar fora? Tesouro ou lixo? Fica ou vai?

Aquilo me fez lembrar de uma imagem que vi num livro de fotografias de Robert Frank, *Moving out*. A imagem em preto e branco, na maior parte embaçada, mostra em primeiro plano uma montanha com um pouco de neve no cume. Dois postes de telefone ladeiam a figura; cabos de energia emaranhados esticam-se no horizonte. O branco da neve na montanha é uma forma nítida que brilha contra o cinza médio do resto da imagem. Trata-se menos de uma paisagem e mais de um estado de espírito abstrato. A atmosfera é deprimente, como uma tarde silenciosa de um domingo de fevereiro, quando parece que o inverno vai durar para sempre. Rabiscado na imagem com uma brocha ou com a ponta dos dedos estão as palavras: SEGURE FIRME. *Siga em frente*. As letras parecem ter sido escritas com sangue.

– A luz do sol é perturbadora – disse Nidhi.

Mary foi gentil:

– Temos que tirar as cortinas e as tapeçarias para pintar.

– As manhãs são difíceis para mim. Vocês devem ter notado.

– Ela riu. Ela era simpática, um pouco nervosa e educada. Agradeceu por estarmos melhorando a aparência de sua casa. Opinou sobre a cor da pintura e disse que estava em dúvida sobre o bege no corredor.

– Eu deveria ficar aqui agora.

– Ela tem que parar de ver esse lugar como sua casa – Mary disse mais tarde, quando estávamos almoçando, sentadas nos degraus da frente.

Ainda não tínhamos encontrado nosso ritmo, ainda estávamos cheias de dedos. Era como andar numa casa conhecida durante a noite, uma vaga sensação de onde estava o sofá e de como evitar trombar no canto da mesinha de centro, mas também uma sensação de desajeito, uma mão estendida na frente do corpo para se certificar de que não vai topar com uma parede.

– Precisa limpar as teias de aranha – disse Mary. – Precisamos recuperar seus músculos.

Na cozinha de Nidhi, uma sujeira preta e pegajosa revestia a bancada ao lado da geladeira. Cocô de rato maculava as panelas no fogão e empilhava-se nos cantos escuros das bancadas. Latas de refrigerante abertas, bebidas pela metade, abarrotavam um armário. A frente de uma gavetinha ao lado do forno estava frouxa, o puxador pendendo solto. Quando abri a gaveta para consertá-la, vi uns quinze, vinte frascos alaranjados de medicamento, alguns cheios de comprimidos, outros quase vazios. Mary estava em cima da escada nivelando as portas dos armários que ficavam acima da geladeira. Olhei para ela.

– Eu sei – disse ela. – Não olhe.

Eu não queria olhar; claro que eu queria olhar. Queria descobrir alguma pista sobre o problema daquela mulher. Para que serviam aqueles comprimidos – tantos, tantos comprimidos?

Consertei a gaveta. Agora ela fechava suave, deslizava nas corrediças, a frente fixa, o puxador aparafusado.

Passar o dia nas casas de outras pessoas era um dos grandes prazeres do trabalho de carpintaria, e fiquei especialmente grata por isso naquele momento, depois de tanto tempo dentro de meu próprio apartamento. Ver o cereal que as outras pessoas comem, como elas preparam o café, que quadros penduram nas paredes, que livros ocupam suas prateleiras. As estantes sempre atraíram minha atenção primeiro. Sempre que Mary estava fora fumando e, às vezes, quando eu deveria estar instalando uma soleira, eu procurava ver o que preenchia as prateleiras das casas das pessoas. E olhava para qualquer coisa que estava aberta sobre a escrivaninha – *post-its* com números de telefone, uma fotografia do casal quando ambos eram mais jovens, um obituário recortado do jornal. Pare de bisbilhotar, Mary dizia. Tem gatos na casa? Crianças? A cama está arrumada? Eu gostaria de morar aqui? Gostaria de viver essa vida?

Será que é o impulso de todo ser humano espiar pelas janelas dos outros? Que pequeno prazer especial há em observar alguém num momento de sua vida, vislumbrar alguém de pé diante do fogão mexendo numa panela fumegante, esticando os lençóis na cama, escovando os dentes, tirando um suéter. A carpintaria permitia esse olhar sobre a vida dos outros, não visões rápidas através de janelas iluminadas, mas pela porta da frente e em seus quartos.

Colado na moldura da porta que dava para a cozinha da casa de Nidhi havia um *post-it* rosa em que se lia: "Como você pode ser tão crítica?".

Aquilo era, em si, uma crítica, só que voltada para... si mesma. Um lembrete cruel: o que lhe dá esse direito, quem você pensa que é? E fiquei nervosa também ao pensar que, da mesma forma como nós estávamos em seu espaço, conhecendo-a, ela estava nos observando. Se você precisa escrever um bilhete para si mesmo para lembrar de não ser tão crítico, é provável que ainda não tenha abandonado esse hábito. Isso me deixou mais consciente de como eu era como ela e de como Mary era como ela. Trabalhar na casa de outra pessoa é entrar no espaço privado de um estranho, e isso cria uma intimidade estranha.

Nidhi me pegou olhando uma fotografia em sua geladeira: uma mulher bonita com olhos brilhantes e cabelos grossos sentada no parapeito de uma varanda ao lado de uma cerca viva. Embora não estivesse sorrindo, a mulher na foto parecia feliz naquele lusco-fusco.

– É minha mãe. Linda, né?

– Sim.

– Parece que ela nunca envelhece. Meu pai também parece jovem. Ele corre 13 quilômetros por dia. Minha genética é boa. Adivinha quantos anos eu tenho.

Eu a imaginava com quase 40 anos, mas ponderei que os olhos inchados e a boca cansada fossem resultado daquela gaveta de comprimidos, que a tivessem envelhecido mais rápido. Tirei alguns anos.

– Trinta e três?

– Há-há! – ela riu. – Há-há! Não disse? Genética boa. Tenho 44 anos. – Ela parecia satisfeita e imaginei que aquele era um jogo que ela fazia com todo mundo.

No corredor que levava para seu quarto, rabiscadas com giz de cera na parede, letras com uns 20 centímetros lembravam: "6 HORAS A MENOS EM HONOLULU!!!". Ela mencionara em algum momento que a irmã morava no Havaí. Será que ela continuava telefonando muito cedo?

Cobrimos aquelas letras com tinta numa terça-feira.

Cerca de uma semana depois que terminamos aquele trabalho, pensei ter visto Nidhi na rua. Ela usava enormes óculos escuros e caminhava com um grande cão preto. Era estranho vê-la fora do contexto de sua casa e fiquei muito nervosa para dizer oi. Abaixei a cabeça e atravessei a rua. Não sei se ela me viu. Não sei se era ela.

◆

E assim começou um período que passava voando. Mais tarde, naquele verão, fomos contratadas para fazer uma reforma completa em uma cozinha. Nada ficaria igual na cozinha daquele adorável predinho de três andares em Cambridge. Pisos e armários novos. Bancadas novas. Eletrodomésticos novos. Uma porta seria mudada de lugar, uma despensa seria construída. O fogão e a pia iriam de um lado do cômodo para o outro, o que significava que a tubulação teria de ser redistribuída. Era um grande trabalho e a empolgação de Mary era contagiosa.

O lugar pertencia a duas cinquentonas, Alice e Bettina. Vinda de algum lugar na Floresta Negra, Bettina tinha os ossos grandes e falava com um leve sotaque alemão. Como inclinava o queixo para o peito ao falar, parecia que estava de fato olhando para você, apesar da altura. Um aspecto indulgente suavizava sua presença imponente e provavelmente adequada aos alunos da universidade onde lecionava. Alice era grande de uma maneira baixa e redonda, e seus seios vultosos balançavam livres de sutiã como sacos de moedas. A cozinha, ficou claro desde o início, era sua. Ela tinha feito o projeto e ela seria a única a usar o fogão industrial para grelhar carnes e a bancada de mármore para enrolar delicadas massas folhadas. Ela também trabalhava em casa, de modo que nos veríamos bastante.

Um calor excruciante havia se instalado na cidade e aumentava cada vez mais. Boston em julho é uma mistura de abafamento e desespero. O ar denso torna cada abraço, cada peça de roupa, uma tortura. Imaginei os graus de temperatura como hastes invisíveis no ar, denso, pesado por causa da umidade, instalando-se em nossa pele, pressionando conforme andamos. Eu transpirava a cântaros, atordoada e entorpecida pelo calor.

Em nosso primeiro dia na casa de Alice e Bettina, descarregamos o furgão e levamos as ferramentas até o terceiro andar. Nossos passos eram rápidos e as ferramentas pareciam leves, conduzidas com a excitação e o otimismo de um novo trabalho.

– Você precisa ver os ladrilhos que Alice encomendou – disse Mary, esfregando o dedão e o indicador de uma maneira que dizia "caros". – São lindos. Sempre digo às pessoas, quando elas estão projetando uma nova cozinha, que devem escolher alguma coisa para ostentar. Armários, ladrilhos, uma ilha, qualquer coisa.

Instalar ladrilhos tinha sido meu primeiro trabalho com Mary e sempre foi um dos serviços que eu mais gostava de fazer. A variedade encantadora – cada tipo de ladrilho com sua personalidade própria, seu lugar adequado. Minúsculos círculos brancos combinavam bem para o piso de um banheiro pequeno ou de um lavabo. Um *hall* de entrada grande e com o pé-direito alto pode acomodar placas pesadas que ressoam o ruído dos sapatos de salto alto. A área molhada de uma bancada de cozinha revestida com azulejos lápis-lazúli dá conforto ao cômodo. As texturas variam: liso brilhante, fosco, com relevo, sem relevo. As cores variam: dourado, cinza, a promessa da clareza e higiene do branco puro e liso.

Uma vez que as ferramentas estavam no andar superior, examinamos o cômodo. A demolição já havia sido feita e a cozinha estava vazia, nenhum eletrodoméstico, nenhum armário, nenhum piso. A geladeira era a única coisa que ainda estava lá e tínhamos de tirá-la antes de começarmos. Mary deu uma olhada rápida e indicou aonde as coisas iriam. Geladeira na parede à direita; pia à sua esquerda; forno de frente para a geladeira, instalado numa península no meio do cômodo, a qual se projetaria entre as duas janelas na parede à nossa frente. Haveria corredores de armários baixos dos dois lados. As prateleiras abertas ficariam na parede esquerda, um pedaço de bancada de mármore abaixo da janela do lado esquerdo e a despensa em uma área ao lado da porta, na parte de trás. Eu concordava conforme Mary ia falando, esforçando-se para posicionar tudo em seu devido lugar. É preciso prática e imaginação para evocar um cômodo completo e em funcionamento a partir de um espaço em branco. Olhando para aquele vazio, parecia quase impossível que aquilo voltaria a ser uma cozinha de verdade. Mas eu também sentia o potencial.

– Vamos tirar essa geladeira do caminho primeiro – disse Mary.

Segurei nas laterais da porta da geladeira para ter uma boa aderência, mas ela se abriu. De imediato, um cheiro forte e horrível nos golpeou, o odor azedo de leite estragado misturado com o cheiro de mofo de carne podre, um cheiro rançoso de plástico como se a própria fiação tivesse se decomposto. Bolor espalhava-se e poluía todas as prateleiras e gavetas, uma penugem preta e rastejante. Alice e Bettina tinham ido passar umas semanas na Alemanha para evitar um pouco do tumulto da reforma e tinham desligado a geladeira antes de sair. Mas tinham esquecido duas bandejas de iogurte e um pedaço de queijo suíço e as temperaturas tinham chegado próximas dos 30 graus desde que elas haviam partido dias antes. Mary abriu uma gaveta e se deparou com uma matéria orgânica agora não identificável, uma pasta vegetal mucosa.

Então, em vez de deslocarmos rápido o eletrodoméstico e começarmos a instalação da nova porta, Mary e eu passamos uma hora limpando toda a geladeira.

– Leve as gavetas para a banheira – ela disse.

Tirei o mofo do plástico com água, água sanitária e uma esponja e pensei nos passos lentos de um novo projeto. Quando digo às pessoas que trabalho com carpintaria, elas certamente imaginam pedaços de madeira, aromas familiares e natalinos de pinheiro, a visão pacata do artesanato. Mas lá estava eu, tirando mofo da gaveta de uma geladeira na banheira de um estranho. Muitas vezes, no início do serviço, o trabalho consiste em coisas que não esperamos, que pouco têm a ver com a formação ou com a experiência do carpinteiro.

E não é esse muitas vezes o caso em outros lugares também? Quando imaginamos a vida de outras pessoas, imaginamos as partes mais emocionantes, aquelas cheias de ação e de *vida*. O cirurgião da emergência operando a perna de um homem depois de um acidente de carro; o pintor terminando um retrato, com a paleta na mão, e indo para a cama com seu modelo; o agricultor chegando após um dia de colheita, jogando um saco sujo de cenouras ou cebolas frescas em cima da mesa. Às vezes, a imaginação é inimiga da maneira como podemos trazer à vida plena a paixão que nosso amor atual compartilhou antes com outra pessoa, da forma como a existência de alguém é excitante quando comparada à nossa.

Mas, é claro, a maioria de nós gastamos nosso tempo tentando descobrir o que preparar para o jantar, tentando lembrar de comprar outro rolo de papel toalha. Nossa idealização talvez seja um ato de esperança, expectativa de que essas vidas emocionantes sejam possíveis, de que é possível encontrar desafio e satisfação em nosso trabalho, ter nossos corpos iluminados pela luxúria, topar com uma dessas conversas que seguem noite adentro, quando as vozes ficam mais baixas e mais verdades são ditas. Em nossas fantasias sobre as experiências das outras pessoas existe uma ambição de existir por conta própria da maneira mais plena possível. *Você é carpinteira, deve ser maravilhoso construir coisas!* E é. Exceto quando não é.

◆

Depois de três dias conseguimos finalmente começar o trabalho no piso. Na noite anterior, Mary me ligou:

– Viu, tenho um monte de coisas para fazer amanhã. Os ladrilhos vão ser entregues entre 9 horas e 10 horas. O cara da entrega vai deixá-los lá embaixo. Se você puder estar lá para recebê-los e subi-los, podemos dar o dia por terminado e nos vemos lá na quinta.

Subir algumas caixas de ladrilhos e dar o dia por terminado? Maravilha.

Sentei-me na frente da casa de Alice e Bettina e esperei o cara da entrega. Alguns minutos antes das 10 horas, ele desceu do caminhão, ombros musculosos como montanhas e a testa pingando de suor.

– Quente, né? – ele disse. Começou a descarregar as caixas, duas de cada vez, na frente das escadas. – Tem alguém para ajudar ou você vai subir tudo isso sozinha?

– Sozinha.

– Esse prédio tem elevador?

— Não.

— Já tem trabalho para o dia todo. Boa sorte. — Ele subiu no caminhão e acelerou rumo a outra entrega.

Quem precisa de uma porra de um elevador?

Na frente das escadas, 25 caixas de ladrilhos e 2 sacos de cimento de 25 quilos cada erguiam-se como a fundação de uma fortaleza. Mary tinha razão sobre os ladrilhos: lindas peças quadradas de 12 cm x 12 cm, uma ardósia cinza que parecia pedra lapidada, nenhuma exatamente igual à outra. Algumas tinham reentrâncias e pequenas fendas; outras, estrias de um cinza mais claro, como um anel numa rocha litorânea. Mesmo dentro das caixas era fácil imaginá-los sob os pés descalços enquanto, junto ao fogão, você preparava ovos mexidos numa manhã de domingo, ou sob as pontas dos pés, quando, à noite, você fosse até a cozinha buscar um copo de água antes de se deitar. Olhei para as pilhas. Ótimo. Muitas viagens, mas eu provavelmente poderia carregar duas caixas por vez, como o cara da entrega.

Levantei uma caixa — *ah, merda* — e abaixei a caixa. Então, ri. Eu não carregaria duas caixas por vez. Eu não acreditava no peso daquilo. Uma caixa do tamanho de um pão italiano e cada uma pesava 15 quilos. Era como carregar mais de quatro galões de 3,7 litros de água, o mesmo que um saco de 15 quilos. Trinta degraus me separavam do terceiro andar. Às 10 horas daquela manhã, a temperatura já passava dos 30 graus.

Entrei no modo "burro de carga". Uma caixa por vez, para cima e avante, degrau por degrau, depois correndo escada abaixo para outra viagem. Caixa nos braços, para cima. Em seguida, descer de novo. Era inebriante. Eu era um corpo subindo e descendo, automático, físico. Tudo o que eu precisava era de músculos, paciência e do desejo de terminar o trabalho. Parecia um pouco a tarefa de limpar as gavetas da geladeira cheias de bolor: entediante, necessário, improdutivo.

A pilha de caixas diminuía lá embaixo e aumentava no terceiro andar. Faltavam dez, depois quatro, depois uma e foi então que percebi que não devia ter deixado os dois sacos de cimento por último. Subi 810 degraus naquele dia, carreguei 451 quilos, quase meia tonelada. O sentimento resultante do esforço, a satisfação, era muito diferente daquele de colocar o ponto final numa resenha de um livro ou num artigo dentro do prazo.

Terminar um texto dava a sensação de alívio e de desgaste, fúria e exaustão, amargura e vazio. Depois de cumprir um prazo, eu sentia uma pressão atrás dos olhos, o que me fazia oferecer sorrisos tensos e atenção furtiva para quem cruzasse comigo. Quanto mais inteiramente eu existia no mundo da palavra, mais deslocada eu me sentia do mundo real que me cercava, e a transição de volta, particularmente depois de raros momentos de luta com as palavras, quando elas vêm e não existe nada além delas, essa travessia era maçante. Quase imediatamente depois de terminar um texto, um brilho desaparecia e tudo o que eu conseguia ver eram os defeitos.

Trabalhar com Mary era diferente. Eu pensava em tudo o que tínhamos construído com satisfação e orgulho, mesmo aquelas coisas que não mereciam tanto. As estantes de um psiquiatra rico com seu grande piano: sem dúvida as melhores estantes que já fizemos. O piso de bambu que instalamos no porão para transformá-lo em quarto: quem liga se o piso era da cor de *band-aids*? Jamais existiu um piso de bambu melhor do que aquele. As escadas para o *deck* em Somerville: eu poderia subir e descer aquelas escadas por horas, elas são exatamente o que se espera que as escadas sejam.

Enquanto eu carregava aquelas caixas de ladrilhos para o terceiro andar, não pude ignorar minha transpiração e meu arfar, meus músculos flexionados e tensos. Quando coloquei aquela última caixa e aquele último saco de cimento ao lado da porta da cozinha, me senti vibrante. Meu ser completo se sentia mais honesto, mais útil e mais cansado. Não era maçante voltar para um mundo diferente. O tempo todo eu estivera lá. Tirei a camiseta e torci o suor na pia do banheiro.

Liguei para Mary.

– Terminei – eu disse.

– Uau! Você deve estar moída. Beba bastante água e procure um lugar para nadar essa tarde. Vejo você renovada amanhã cedo.

Desci as escadas e fechei a porta atrás de mim. A caminhada de volta para casa pareceu mais longa naquele dia. O ar estava pesado e as testas das pessoas estavam molhadas de suor. As camisas grudavam nas costas e nos peitos e as folhas das árvores pareciam ser um verde mais saturado; piedosas de algum modo, era como se elas estivessem conscientes do calor e do anseio por uma sombra. Sorri para um cara enquanto atravessava a rua e ele sorriu de volta. Estava tudo bem, tudo ficaria bem, os pequenos problemas e angústias são assim mesmo: evaporam diante de uma onda de ligação mais forte e maior com a vida. Paredes caem, aquelas que impedem a visão do outro e das folhas e do céu, que nos separam da consciência de estarmos vivos.

E aquelas caixas eram pesadas pra caramba e eu estava feliz de tê-las vencido.

◆

Naquele momento, porém, eu já havia me formado, deixara de ser apenas uma carregadora. Em vez de apenas assistir ao que Mary estava fazendo ou de observá-la fazer, eu mesma já cuidava de algumas partes dos projetos.

Mary me mandou construir os armários de compensado da dispensa, um pequeno espaço que serviria de transição da cozinha para a varanda. Aparamos as placas de 2 centímetros de compensado até a largura exata usando a serra de mesa (aparar quer dizer fazer cortes paralelos ao veio da madeira). Cortei os lados e as pontas de cada parte da caixa dos armários com a serra de esquadria e as uni com cola e prego, o cheiro forte emanando a cada golpe da pistola pneumática. Coloquei as caixas no chão, de modo que pareciam caixas de areia com paredes altas; depois, fixei um pedaço de meio centímetro de compensado nas partes de trás de cada uma, para que elas parassem de cambalear. A parte de trás deu-lhes suporte. Se você tirar o fundo e a frente de uma caixa de papelão, imagine o movimento se então colocar as mãos nas extremidades restantes e movê-las para cima e para baixo. Bem, o mesmo ocorre com as caixas do armário. Os painéis traseiros estabilizam o balanço.

As caixas e prateleiras precisavam de um remate que cobriria a aparência desagradável do compensado inacabado. Esse remate é feito de folhas finas de madeira coladas juntas e com veios alternados – o veio de cada folha é colocado em direções contrapostas, o que torna o produto final resistente à curvatura, dilatação, retração e rachadura. É mais forte do que a madeira encontrada na natureza e bem mais barata do que a madeira maciça. Alice tinha gastado bastante nos ladrilhos e economizado na dispensa. Para aqueles armários, cujos lados ninguém veria, a madeira compensada era o material apropriado.

Para cobrir as extremidades do compensado, medi, marquei e cortei remates de álamo de 2,5 cm x 5 cm para as caixas e de 2,5 cm x 7,5 cm para as prateleiras. O álamo é uma madeira clara com redemoinhos verdes e, às vezes, uma faixa púrpura atravessando seu veio como a faixa derradeira de um pôr do sol atravessa o céu de inverno. É uma madeira de lei barata e resistente às intempéries de um espaço de uso intenso, como uma dispensa. Os atributos da madeira de lei e da madeira-

-branca dizem respeito à reprodução das árvores. Para ressuscitar as aulas de biologia do ensino médio: angiospermas, que produzem sementes protegidas por uma camada, tipicamente árvores decíduas (ou seja, que perdem as folhas), produzem madeira de lei. Mogno, nogueira, carvalho, teca e freixo são exemplos de madeira de lei. Pinho, abeto, cedro e sequoia, árvores coníferas, são madeiras-brancas, todas elas gimnospermas. Suas sementes voam desvestidas com o vento. As madeiras-brancas crescem mais rápido e, em geral, são mais baratas do que as madeiras de lei. As madeiras de lei são tipicamente mais pesadas (a madeira balsa, usada nos modelos de avião que enfeitam os quintais, são uma exceção).

Medi, marquei e cortei seis prateleiras para cada caixa e fixei o remate na borda exterior. Isso significava quatro caixas, duas bases, 24 prateleiras e 58 remates. Cento e dez peças de madeira compunham aqueles armários. E então vinha o lixamento, a aplicação do primer e a pintura. De quatro pranchas de madeira compensada e folhas de álamo, surgiram quatro armários, objetos sólidos, úteis.

– Ei, Mary! – gritei da varanda. – Dá uma olhada. – Permaneci lá, ao lado do armário, radiante. Mary aproximou-se e sorriu e me cumprimentou com um "toca aqui". Nós geralmente não nos tocávamos nem nos abraçávamos e nossos *"high fives"* eram estranhos e sinceros. Fiquei ruborizada. O sentimento era genuíno e estranho – não completamente estranho, mas impulsionado pela longínqua autoestima infantil.

Mas também era mais do que aquilo. Não a alegria do "veja o que eu fiz", mas uma satisfação mais verdadeira. Ao final do dia de trabalho, eu havia construído quatro armários, robustos e alinhados. Mary e eu permanecemos lá, paradas, ambas suando. O sol, pesado, saturava o ocidente, parecendo inchar um pouco antes de se pôr de vez. Primeiro, o nada; e então, armários. E aquelas prateleiras seriam usadas – caixas de cereal e latas de feijão, formas de bolo e rolos de papel toalha, aveia, melaço e frascos de temperos. Mary sorriu quando fizemos uma pausa e ficamos na varanda, o calor pesado do fim da tarde, e eu lhe disse que adorei aquele armário. Ela riu.

– Parece um caixão duplo – falou.

◆

A onda de calor chegou ao ápice alguns dias depois e os encanadores estavam xingando. O mais velho deles, Ben, um homem careca e de ombros largos, estava deitado de costas no chão, antebraços generosos estendidos debaixo da pia da cozinha. Gotas de suor reluziam na pele de sua cabeça. Ele fechou os olhos, como que para sentir os canos e os parafusos, aquele homem imenso ali, deitado no chão, com os olhos fechados, e o suor pingando da pele de seu escalpo. Fechou os olhos para sentir melhor as coisas e aquilo me fez pensar que talvez seja por isso que fechamos os olhos quando beijamos alguém. Quando Ben se levantou, a umidade de suas costas deixou uma marca escura no piso de ardósia, uma sombra de suor que secou rápido, como rochas na praia secam rápido sob o sol.

O encanador mais jovem, James, estava no porão resmungando através do chiado de um radiotransmissor, alguma coisa a respeito dos canos de água. Mary estava em um vão apertado acima da cozinha. Deitada de barriga para baixo, ela tentava alinhar os dutos que iam da ventilação da coifa industrial sobre o fogão, subiam para o teto e atravessavam 3,20 metros de espaço apertado antes de sair na parede exterior. Quando ela acionou o interruptor para ligar o ventilador que sugaria a fumaça e a gordura, pareceu que um avião estava decolando. Mary cochichou lá em cima e mexeu no metal. Quando os encanadores não estavam conversando e as furadeiras não estavam gritando e as marteladas tinham cessado, era possível ouvir Mary sussurrar.

O dia começou com uma conversa sobre porcos.

– Como estão as coisas na chácara? – Mary perguntou a James.

– Temos alguns porcos agora que pesam mais de 120 quilos. A carne não fica muito boa quando eles engordam mais do que isso. – Ele falou de levá-los para o abatedouro e voltar com sacos de meio quilo de linguiça. – Você não acreditaria no tanto de sacos que conseguimos. Os *freezers* estão lotados com eles. – Ele não dá nome aos animais, com exceção de seu São Bernardo. Teve uma vaca chamada Pradaria uma vez e os hambúrgueres da Pradaria eram deliciosos. – Mas era meio triste – disse.

– Vocês não tinham uns porcos do mato?

– Você quer dizer aquele javali? Sim, aquela coisa maldita. – James teve de acertar uma paulada no animal certa vez para não ser atacado. Foi fácil imaginar essa cena: aquele encanador enorme com olhos grandes e marcantes golpeando uma fera com os olhos frenéticos e os pelos eriçados com um pedaço de pau. Há um quê de frenesi nele também, algo inquieto e infeliz. Gosto de ouvir sobre seus porcos.

– Ainda pensa em se mudar para o interior? – ele perguntou a Mary.

– Estou tentando convencer Emily a comprarmos uma chácara... alguma coisa na Rodovia Dois.

– Vocês deviam fazer isso.

– Ou isso, ou o Alasca.

Começamos a preparar as ferramentas para o trabalho do dia e já às 9 horas da manhã o calor era implacável.

– Hoje vai ter bastante palavrão – Mary disse naquela manhã quando abriu o alçapão para o vão apertado no teto. Esse era um de seus refrãos. E foi uma previsão precisa para aquele dia.

Eu estava na escadaria dos fundos e minhas costas estavam molhadas de suor. Mary havia me dado uma tarefa simples e direta: construir um chanfro para cobrir a tubulação na escada que leva ao teto.

– Um chanfro? – perguntei.

– É basicamente uma coluna para esconder os canos. Uma caixa alta e estreita com três lados. – Olhei para ela sem expressão. – Uma moldura para os canos. – Observamos os canos, quatro deles, grossos e finos, um deles revestido por uma capa plástica espumosa. As entranhas da casa estavam à mostra, tímidas, e um chanfro as faria desaparecer. – Quando corre verticalmente, é um chanfro, e quando esconde a tubulação no teto, é um sofito – ela explicou. – A primeira coisa a fazer é aplicar o antichamas nos canos. – Isso significava espalhar uma espuma laranja tóxica que inchava como um *marshmallow* nas aberturas do teto e do chão por onde a tubulação passava. Essa espuma vinha numa lata que parecia que ia soltar serpentina. Ela endurece depois que incha e retarda o alastramento do fogo em caso de incêndio.

– Ok.

Tirei as medidas. Cortei a madeira. Fixei as três peças usando cola e uma pistola de pregos pneumática. Mary estava certa: era uma caixa alta e estreita com três lados. Estava sendo um dia fácil para mim, especialmente comparado ao inferno pelo qual Mary passava lá no teto. Carreguei a moldura para os canos em meu ombro direito como um remo, tomando cuidado para não bater nos batentes das portas ou nos armários conforme atravessei a cozinha e desci até a escadaria dos fundos.

Apoiei a peça na parede. A entrada do vão apertado no teto estava aberta acima de mim e fragmentos de isolamento voavam para fora conforme Mary se movia. Alguns caíram na pele de meu braço. Um floco pousou em meus lábios e eu tentei cuspi-lo logo.

— É só jornal! — Mary exclamou lá de cima.

Eu não acreditei naquilo. Imaginei uma mistura de tiras de jornal, urina de rato, pedaços de ninho de roedores, resíduos de amianto e poeira cancerígena não específica. Eu não queria aquela coisa tóxica em meus lábios e minhas tentativas de tirá--la de meus antebraços úmidos aumentaram o temor de que eu estava apenas forçando os venenos a penetrarem mais fundo em meus poros. Esse era um tipo de medo comum — quando misturávamos cimento ou lixávamos ou pintávamos e especialmente quando derrubávamos paredes. Eu continuava ficando incomodada com o que estava entrando em nossos pulmões e com os males que aquilo causaria.

— Pode me trazer uma broca espada? — pediu Mary. Subi a escada e deslizei para o vão. O calor do espaço pressionava meu corpo e era como se eu tivesse entrado em uma torradeira. Mary trabalhava com a luz de uma lanterna que ela tinha lembrado de pegar no porão de sua casa. O pó e o material de isolamento cobriam a pele de seus braços, seu pescoço e de seu rosto. Passei-lhe a broca. Mary era destemida quando o assunto era seu corpo.

— Fico feliz que a gente tenha esperado o dia mais quente do ano para fazer isso — ela ironizou.

— Sinto muito que não caiba nós duas aqui.

— Não sente nada.

— Quer uma máscara? — perguntei, já sabendo que a resposta seria não.

— Eu mal consigo respirar sem nada.

Deslizei para baixo e o duto de metal vibrou conforme Mary o dobrou e fixou uma parte na outra. Ben, o encanador, estava às voltas com o trabalho debaixo da pia. Ele tinha erguido os pés com botinas do chão para ganhar força e controle. James mexia em alguns canos com uma chave inglesa. O badalar vivo de um sino ressoava vindo do porão.

Nos fundos, ergui a moldura para os canos e a acomodei com cuidado no lugar. A peça cobriu a tubulação exatamente. Pressionei-a contra a parede, mas ela travou. Havia um espaço de 7,5 centímetros entre a parede e a moldura, da escada até o teto. Será que eu medi errado? Será que marquei errado a distância entre a plataforma e o teto? Estiquei a trena ao lado da moldura: um tiquinho menos do que 2,80 metros. Medi a altura até o teto: 2,80 metros cravados. Apoiei meu peso contra a moldura. Nada. Ela não cedeu. Dei um chute. Ela emperrou.

Ben e James continuavam resmungando no rádio um com o outro.

– Achou?

– Achei.

– Na fornalha?

– Sim, achei.

– Tá tudo bem?

– Tirando o fato de eu estar suando feito uma mula aqui embaixo, sim, tá tudo bem.

Meça duas vezes, corte uma. Esse ditado dos carpinteiros nos faz lembrar do planejamento, da precisão, da possibilidade de desperdício – de tempo, de dinheiro, de material – quando os primeiros passos são feitos com pressa ou sem prestar atenção. "Cortei duas vezes e ainda está muito curto" era uma piada que o ex-patrão de Mary costumava contar e eu ri quando ouvi pela primeira vez. A vida é mais condescendente do que uma viga. Meça duas vezes, meça 6.000 vezes. Agachei e observei a plataforma e vi onde a moldura estava pegando. Uma elevação no encaixe de duas tábuas – leve, bem leve – era grande o suficiente para impedir que o chanfro entrasse. Apesar dos chutes, do peso do corpo e de toda a força da pressão que coloquei, a moldura não passaria por cima daquela elevação nem ficaria nivelada na parede. Naquele momento, descobri que a medida nem sempre é absoluta, que às vezes um golpe rápido dado no lugar certo pode anular alguns milímetros. Os números dizem uma coisa, a curvatura e o movimento da madeira dizem outra. Algumas peças e lugares faziam concessões.

Mas não ali. O suor pingava de meu queixo. A base da moldura precisava ser aparada, o que significava desemperrá-la e carregá-la no lombo até a varanda dos fundos onde estavam instaladas as ferramentas.

Bam! Blam! Uma batida contra o batente.

– Use a lixadeira – uma voz disse lá de cima.

A varanda dava para os fundos das casas que ficavam na praça central da vizinhança, que tinha sua cota de desocupados, viciados e cheiro de urina na porta da igreja. O espaço mantém uma aura claramente urbana, um pouco mais suja e imprevisível em comparação com o resto de Cambridge, com seus estúdios de ioga e lojas de iogurte. A vista mostrava pequenos quintais com lírios oscilantes e explosões de hortênsias. O velho que morava ao lado passava toda manhã em sua varanda com o jornal e um grande copo de suco de laranja. Acenei. Ele levantou os óculos e olhou em minha direção. Usava *shorts* e estava sem camisa e os pelos brancos de seu peito destacavam-se na pele bronzeada. No terceiro andar, do outro lado, morava um grupo de jovens. Havia bicicletas encostadas nos parapeitos de suas varandas. Os moradores tinham pendurado luzes coloridas no teto e usavam uma caixa de leite como cinzeiro. Uma garota usando uma blusa regata fumava lá nas tardes. Quando arrumávamos as coisas naqueles dias de calor, por volta das 5 horas, às vezes havia alguns daqueles jovens lá e o barulho de garrafas de cerveja sendo abertas me dava água na boca. Um gato amarelo caçava nos pátios abaixo.

Lixei o canto da moldura no ponto onde ela pegava na elevação do piso e também o resto, polindo a madeira, cuidando para não tirar demais. Certa vez, no início de nossa jornada juntas, enquanto colocávamos os azulejos num banheiro, Mary tinha dito algo que ficou na minha cabeça: "Trato a madeira da forma como trato a carne. A gente sempre pode cortar mais um pedaço da madeira e sempre pode cozinhar a carne um pouco mais. Comece com a carne malpassada. Comece com a madeira mais comprida".

Sempre que vou usar a serra, a frase: "comece com a carne malpassada" surge em minha mente, como um mantra. Desliguei a lixadeira uma vez que um torvelinho de serragem revestiu o piso da varanda em volta de meus pés. Deslizei os dedos ao longo das bordas, surpresa e satisfeita com a textura aveludada que uma peça de madeira recém-polida tem. Tive vontade de me inclinar e esfregar o rosto nela, da mesma forma como, quando eu era garota, costumava caminhar até as mulheres usando casacos de pele e esfregar meu rosto neles. O fato de a madeira áspera ganhar a textura de um veludo é uma transformação da qual acho que nunca vou me cansar.

Ergui a moldura no ombro e segui meu caminho.

– Está se divertindo? – Ben, o encanador, brincou.

Reposicionei a moldura. Deslizei-a em direção à parede. Ela emperrou novamente. Fiquei ali, observando-a em silêncio, recusando sentir a raiva. O grito de uma serra cortando o metal ressoou vindo do porão, depois parou. O rádio de Ben chiou na cozinha. O que aconteceria se eu largasse tudo e fosse embora?, me perguntei. O que Mary faria se descesse daquele vão escuro e apertado e eu tivesse partido?

Dei um chute na moldura. Empurrei usando a força do corpo, uma mão em cima, outra embaixo, como uma posição esquisita de defesa no futebol americano, com os pés travados no chão. Com todos os músculos e toda a minha vontade, tentei empurrar a moldura por cima daquela maldita elevação no chão. Nada.

– Merda!

Mary se mexeu lá em cima:

– Tenta de novo – disse ela.

De pé, as mãos na cintura, pensei que aquilo devia ser mais simples. Era uma coisa simples, esconder a tubulação com três pedaços de madeira. O que Ben e James estavam fazendo, levando gás e água para os lugares certos de toda a casa, ou o que Mary estava fazendo lá em cima, de barriga para baixo num vão apertado e com a luz de uma lanterna, essas eram tarefas desafiadoras e importantes. Minha moldura era perfumaria e eu estava levando o dia todo para fazê-la.

Mary emergiu do vão no teto e me acompanhou até a varanda dos fundos, onde limpou o pó e os fragmentos de isolamento das roupas e enxugou o rosto. Ela parecia ter saído de uma mina de carvão: um pó negro em volta dos olhos, alojado nos cantos da boca, escurecendo as rugas da pele do pescoço. Ela se inclinou e esfregou as mãos nos cabelos curtos e grisalhos. A poeira saiu em nuvens.

– Prende a respiração – advertiu. Depois, enrolou um cigarro.

Pressionei a lixadeira contra a base novamente e ela observou enquanto fumava e eu desbastava o canto esquerdo de modo que ele deslizasse pela elevação no piso e nivelasse na parede. Coloquei novamente a peça nos ombros, como antes, e Mary me acompanhou, segurando a parte de trás para evitar batidas nas paredes.

Ela ficou no topo da escadaria enquanto eu posicionava a moldura outra vez, levantava e deslizava em direção à parede. E, enfim, a peça deslizou contra a parede, nivelada, exatamente, em cima e embaixo. Os tubos desapareceram. Antes, marcavam presença, a espessura, a cor, convidando as pessoas a se perguntarem o que estaria viajando através deles: água, gás ou esgoto. É surpreendente como aquela coluna de madeira camuflava a tubulação de forma tão perfeita. A moldura desaparecia na parede e não chamaria a atenção quando Alice e Bettina descessem até o porão para pegar um agasalho ou uma raquete de tênis.

— Legal — disse Mary. — A terceira vez é mágica.

Eu estava aliviada de ter terminado.

— Devia ter sido bem mais fácil.

— Você se lembrou do antichamas?

Fechei os olhos. A latinha de espuma com seu bico fino estava na escada, a 60 centímetros de mim, exatamente onde passara a manhã toda. O sangue tingiu minhas bochechas e meu coração se fez notar em meu peito, pulsando de uma maneira que me dizia para dar o fora dali, rápido. Estava muito quente e o pavio de minha paciência havia se esgotado.

— Puta que pariu — eu disse, olhando para o chão.

Eu não tinha me lembrado. Eu não tinha me lembrado, apesar de Mary ter dito que aquilo era a primeira coisa que eu devia fazer. Ignorei essa sugestão por dois motivos estúpidos. Primeiro: eu estava ansiosa para colocar as mãos na madeira, que era a parte mais interessante. Segundo: não estava com vontade de descer com a escada até lá e subir nela e ir aplicando a espuma até lá em cima, onde os canos encontravam o teto. Meu plano era trabalhar na madeira primeiro e depois aplicar a espuma antichamas antes de instalar a moldura. Por causa de minha preguiça e infantilidade, eu agora queria arrancar aquela moldura e atirá-la escada abaixo. Queria chutar a parede e destruir a madeira; queria perguntar se, por acaso, não teria problema se não cumpríssemos as normas de prevenção contra incêndio, só ali. Eu me sentia uma idiota e queria que o dia terminasse ali, naquele momento.

Mary riu. Por causa do calor e da frustração, do vão apertado e da escadaria, por estar coberta de poeira e suor, por nada estar dando certo, mas também por não jogar tudo para o alto e desistir.

– Tem dias... – falou.

E ela estava certa. Eu estava com calor e suada e p da vida, mas pelo menos não tinha passado o dia rolando em cocô de rato e inspirando fragmentos de jornal, num lugar apertado, a 45 graus. Essa era uma das maiores qualidades de Mary: o erros não são motivo para bronca. Em vez disso, ela usava as cagadas (que eram muitas) para ensinar lições. Eu invejava sua paciência e quase sempre desejava poder reunir sua calma e perseverança diante de um parafuso espanado ou de um pedaço de rodapé que não nivela na parede. O pavio de sua paciência, em especial diante de desafios peculiares de não cooperação de objetos inanimados, devia ter quilômetros e podia queimar por horas antes de terminar. Tem dias que você faz errado as coisas, era assim que ela enxergava, e vamos ver se podemos pensar numa forma de fazê-las certo.

Os encanadores riram quando ressurgimos na cozinha. Mary estava imunda; eu estava embebida de suor e com a cara fechada.

– Clima bom – Ben fez piada. Os dois homens usavam calças jeans, botinas robustas, cintos de couro e camisas de manga longa com o logo da empresa bordado no bolso. As camisas deles também estavam molhadas. Havia desafios em todas as etapas, Ben explicou. Eles voltariam no dia seguinte.

– Quanto? – perguntou Mary.

Ben franziu a testa e fez um gesto de pegar ou largar.

– Vinte e dois.

Eu não sabia muito sobre encanamento, a não ser que era caro. Vinte e dois dólares por hora parecia uma boa oferta, considerando toda a cirurgia que eles teriam de fazer para redirecionar os canos daquela velha casa.

– Nada mal – eu disse.

Mary olhou para mim e sussurrou:

– Mil. No total.

Meu rosto foi tomado por uma expressão de choque e Ben piscou para mim.

Mary mudou de assunto. Fez piada sobre o inferno que estava vivendo naquela cozinha e os caras perguntaram por que Alice não nos oferecera um ventilador. Enxuguei o suor do rosto e tentei tirar a poeira das panturrilhas, mas ela grudava em minha pele como areia.

James, o encanador enorme com olhos grandes e marcantes, deu um tapinha em meu ombro.

– Com certeza é melhor do que um escritório – falou.

◆

E era. Mas isso não significava que não houvesse vários outros dias que me fizessem querer gritar como as serras, cada uma com seu tom característico.

A serra de esquadria, também conhecida como serra circular, tem o tom mais alto, um som agudo, frenético e histérico. E, conforme a lâmina é abaixada na madeira, seu gemido desesperado machuca meus tímpanos, apesar dos plugues alaranjados e macios cujas pontas espremos e torcemos e enfiamos em nossos ouvidos. De todas as serras que usamos, a de esquadria parece a mais perigosa. Pode ser porque a proteção de plástico que cobre a lâmina esteja quebrada, de modo que não há nenhuma proteção entre a carne macia e a lâmina cruel; pode ser porque é a que mais usamos, aquela com a qual já me sinto mais à vontade e, portanto, aquela com a qual é mais provável que eu seja descuidada. Um lapso momentâneo de concentração poderia significar um dedo no chão, o sangue empapando a serragem. Tento me lembrar disso quando coloco as mãos em sua alça para apertar o gatilho e fazer a lâmina girar.

A serra de mesa tem um rugido mais baixo, mais estável. É uma serra projetada para cortes mais longos, para atravessar a extensão de algo comprido, como uma chapa de madeira compensada de 1,20 m x 2,40 m. E quando essa serra atravessa um pedaço de madeira, seu ruído lembra o zumbido que as abelhas fazem no verão, quando o clima está agradável – uma festa de abelhas no calor. É menos ameaçador, mais calmo. E o fato de estar apoiada no chão, firme em quatro pernas, faz com que seja menos hostil. Mas toda vez que a montamos, toda vez que giramos a roda para levantar a lâmina e fazê-la emergir sobre a mesa, penso num instrumento de tortura, num prisioneiro amarrado próximo, amordaçado e se debatendo enquanto testemunha o surgimento da lâmina. Mais assustador ainda é a imagem que vem quando estou em pé diante da serra, empurrando a madeira na superfície da mesa, e imagino a lâmina se soltando da peça em que gira, voando para fora da mesa e me atingindo, me cortando no meio, estômago e coluna vertebral, indo sair em minhas costas, e então rolando devastadora sobre a grama, amputando as cabeças das minhocas, deixando um rastro de metades se contorcendo no chão.

Usamos a serra de mesa para esculpir uma seção de roda--teto de modo que ela se encaixe em outra no canto onde as duas se encontram. Como a lâmina da serra de mesa é redonda e o pedaço de madeira é cortado em ângulo, a frente do roda--teto permanece igual, pois a lâmina mastiga na parte de trás para que a parte esculpida siga a curva da peça e se encaixe confortavelmente nela, mais ou menos como uma mão envolvendo o punho da outra. Com movimentos pequenos e suaves, pressiono o pedaço de madeira para a frente e para trás, contra a lâmina, e a serra transforma algo sólido, inteiro e firme em um objeto múltiplo e desmembrado e leve. Vou devagar.

Não é sempre que faço bem esse trabalho. Às vezes, a lâmina arranca um pedaço, faz uma falha na parte externa, corrompe a suavidade da curva, um erro que pode ser visto do chão e que precisa ser remediado com pasta de madeira. Às vezes, tudo está indo bem, os movimentos são lentos, suaves e corretos, e o olhar está focado na madeira desaparecendo contra a lâmina e todo o resto se dissipa exceto a linha da curva e a rotação da lâmina e o pó da madeira subindo, e então eu perco o controle, a coisa me escapa, como o sentido escapa a uma palavra repetida inúmeras vezes. A linha embaça, tiro mais do que o necessário, há um corte numa parte que devia ser suave. Sempre deixo uns milímetros extras para poder, eventualmente, consertar erros, começar de novo. Comece com a carne malpassada.

A serra tico-tico, portátil, é uma lâmina pequena e fina que sobe e desce e é usada para fazer cortes arredondados. Ela tem um ruído surdo, como o de alguém tentando falar enquanto corre e me lembra uma máquina de costura, a lâmina subindo e descendo através da madeira como uma agulha atravessando o tecido. A serra sabre é um pouco mais parecida com uma metralhadora com uma lâmina na ponta. Quando a lâmina atinge a madeira, se você não estiver segurando firme, a serra pula e sacode e é preciso ter força para segurá-la e pressioná-la e apertar o regulador de pressão para fazer a lâmina funcionar a toda velocidade. Não gosto dessa sensação de estar domando um cavalo selvagem, do risco de a ferramenta pular e dar coice. Mary consegue domá-la. Para o duto da coifa enorme de Alice, Mary me pediu para segurar e apoiar um longo pedaço de cano de metal com as mãos e os joelhos enquanto ela o serrava com a serra sabre. Meu corpo inteiro vibrou. Meus dedos formigavam depois e eu sentia nos cotovelos uma corrente estranha, uma energia transferida da lâmina para o metal e do metal para meus músculos e ossos, mais ou menos como ser levemente eletrocutada, aquele zumbido esquisito, aquele formigamento bizarro que faz com que você afaste as mãos da fonte de energia.

◆

As serras não eram as únicas que ofereciam riscos nos trabalhos. Mary precisou consertar uma das janelas da cozinha para que a bancada de mármore de Alice pudesse ser instalada.

– Puta merda – eu disse quando cheguei na cozinha. Lá estava Mary, ou pelo menos metade dela. Ela estava de bruços na bancada improvisada, as pernas do lado de dentro e a parte de cima do corpo completamente para fora da janela. No terceiro andar. Arrancava pedaços de isolamento da janela e atirava-os no chão.

– Quer que eu faça algo por aqui?

Ela deslizou para dentro e se levantou:

– Vou precisar de uma mãozinha – disse. – Preciso que venha aqui e segure meu cinto.

– Santo Deus, Mary!

– Está tudo bem.

Não tenho medo de altura, mas quando me aproximei daquela janela – que era menos uma janela e, sem as folhas, mais um buraco na parede – e olhei para baixo, observando a entrada de tijolos e a grade de metal três andares abaixo, fiquei zonza e senti um frio na barriga. Tive a clareza de como as paredes são finas, do quão pouco nos separa do mundo lá embaixo.

– Segura forte – disse Mary. – Preciso me inclinar do lado de fora e mexer no canto de cima. – Ela bateu na parede com o pé de cabra para me mostrar onde iria mexer.

Tentei enterrar os pés no piso e segurei com as duas mãos a parte de trás do cinto de Mary.

– Pronta? – ela perguntou.
– Pronta.
– Segura firme.
– Santo Deus!

O cinto de couro que Mary usava era preto e segurava sua calça cáqui, um modelo cargo com bolsos grandes nas duas pernas. Num bolso havia um pacotinho de tabaco e provavelmente um isqueiro vermelho de plástico. No outro, um canivete e alguns parafusos. O lado de fora do cinto era liso e levemente brilhante; o lado de dentro era macio e provavelmente absorvia a umidade. Nas tardes daquela época de julho, o sol já tinha atravessado o céu, deixando a grade de metal e a entrada de tijolos na sombra. A fivela do cinto de Mary era prateada, mas eu não conseguia vê-la naquele momento. Agarrei com as duas mãos a parte de trás do cinto conforme Mary, de pé na bancada improvisada, inclinava o corpo para fora da janela. A fivela de meu cinto afundou na carne macia abaixo de meu umbigo quando pressionei o corpo contra os armários de cerejeira que havíamos instalado na semana anterior. Senti o peso de Mary contra o couro em minhas mãos, meus braços esticados como o Super-Homem em seu voo – embora um corpo suspenso no ar fosse a última coisa em que eu queria pensar naquele momento.

Metade do corpo de Mary havia desaparecido do lado de fora da janela conforme ela mexia na parede externa. E, quando um pedaço de isolamento cedia, o corpo dela dava um tranco, o que fazia meu coração subir para a garganta. Meus braços começaram a arder, uma ignição gradual iniciada pelo calor de estar debaixo do corpo grande de Mary, como luzinhas se acendendo em minha pele. E se ela cair das calças? E se o couro arrebentar? E se meu cérebro tiver uma pane e eu simplesmente soltar?

– Tudo bem aí?

— Sim — respondi. — Anda logo, por favor.

Ela vai morrer e a culpa vai ser minha. Comecei a imaginar o que eu diria para Emily. "Deixei sua mulher cair da janela, desculpe."

Joguei o peso de meu corpo para trás e tentei me concentrar em controlar a respiração. Eu sentia com cada molécula de meu corpo como seria se Mary me escapasse: eu voaria para trás, bateria no chão; ela cairia, eu ouviria o som pesado de carne e ossos colidindo no tijolo como um saco de lixo de um açougueiro. Não conseguia imaginar Mary gritando. Acho que ela cairia em silêncio. Eu me via levantando do chão, me debruçando na janela, vendo o corpo estatelado de Mary lá embaixo.

Ouvi Alice atrás de mim e virei a cabeça.

— O que está acontecendo aí? — ela perguntou.

— A janela — respondi. Eu tinha certeza de que eu estava vermelha como um pimentão por causa do esforço.

— Você quer que eu segure em você? — Alice disse, já vindo em minha direção. Mas neguei com a cabeça. — Isso é a coisa mais idiota que eu já vi em toda a minha vida — disse Alice, as mãos para cima, os olhos levemente horrorizados enquanto se afastava. — Não gosto nem de olhar.

— Falta pouco! — Mary gritou, como se estivesse regando uma planta ou tirando o pó de cima de um armário.

Por fim, Mary colocou o corpo para dentro.

— Eu me mataria se visse isso — ela disse sorrindo conforme se sentava na bancada improvisada e ajustava o cós da calça.

Minhas mãos estavam tremendo e eu abria e fechava os dedos, tensos por causa da esforço.

— Eu costumava ter menos medo de altura — disse Mary. — Quando eu tinha sua idade, ficava pendurada lá sem ninguém me segurar.

Alice voltou e ficou de pé na porta, as mãos na cintura.

– Então, quer dizer que eu contratei uma dublê para reformar minha cozinha? – Diferente de Bettina, que suavizava sua presença imponente, Alice se fazia notar, como uma coruja nervosa. Erguia o corpo, jogava os ombros para trás e seu olhar direto lhe dava uma força de presença que contradizia seus 1,57 m de altura. – Deixa eu esclarecer uma coisa aqui: eu quero muito uma cozinha nova, mas não quero corpos caindo das janelas de minha casa.

Mary riu.

– Você acha que eu estou brincando.

– Aquilo não foi nada – disse Mary.

Balancei a cabeça para Alice num gesto que dizia que eu concordava com ela sobre aquele ponto.

– Você tem sorte de ter uma ajudante forte – Alice disse. Flexionei os braços e mostrei os bíceps, jocosa.

– Acho melhor não fazer isso de novo – eu disse a Mary.

– Tudo bem, tudo bem. Sem aventuras na janela. – Ela olhou lá embaixo. – Dá pra sobreviver a essa queda.

– Você precisaria de um maldito par de asas para sobreviver a essa queda – disse Alice.

◆

No mito familiar, Dédalo tinha asas – ele e seu filho, o condenado Ícaro. Dédalo era um artesão e inventor que construiu asas de penas e cera e advertiu o jovem Ícaro: não voe muito baixo, ou as águas das ondas vão molhar as asas e deixá-las pesadas, e não voe muito alto, ou o calor do sol vai derreter a cera. Ambos erros significavam uma queda. O meio termo, como o mingau de Cachinhos Dourados, não muito quente nem muito frio, era o caminho correto. Pai e filho pularam de um penhasco e voaram como gaivotas. Embriagado pelo voo, Ícaro começou a subir cada vez mais. Conforme o pai avisara, o calor do sol derreteu a cera, as penas se desprenderam e Ícaro despencou do céu, caiu no mar e morreu afogado.

O prelúdio menos familiar do voo de Ícaro e Dédalo envolve a queda de outro jovem. Dédalo fez de seu sobrinho, Perdix, seu aprendiz e soube desde o início que o jovem era um gênio. Plínio, o Antigo, em sua *História natural*, reputa a Dédalo a invenção da carpintaria. Mas foi Perdix quem inventou a serra. Como narra Ovídio, um dia os dois estavam caminhando juntos na praia e Perdix viu a espinha de um peixe nas areias. Quando o jovem tocou nos ossos e eles furaram seu dedo, ele os atirou para as gaivotas. Nesse momento, ele teria tido uma visão dos deuses. Quando retornou à oficina mais tarde, Perdix transferiu o padrão daquela espinha para uma lâmina de ferro. Chanfrou dentes mais afiados e mais fortes do que os da espinha e assim nasceu a serra, uma ferramenta essencial para todos os inventos de Dédalo.

Dédalo, com ciúme dos dons do jovem, não conseguia suportar ser ofuscado. *Ele* devia ser o mestre, o mentor, não Perdix. Tomado pela inveja, Dédalo empurrou o sobrinho de um penhasco da Acrópoles. Sem asas de cera para ajudá-lo a planar (e ninguém para segurar seu cinto), Perdix despencou.

Mas não rumo à morte. A deusa Atena, que recompensava o trabalho artesanal e a astúcia, também havia reconhecido o gênio de Perdix e pegou o jovem no ar, transformando-o em um perdiz. Esse pássaro constrói seu ninho em árvores baixas e voa raso porque, segundo Ovídio: "Guarda na memória sua queda antiga e, por isso, evita as alturas e busca sempre o mais baixo".

◆

De volta ao solo firme, levamos dois dias para instalar os armários superiores na cozinha nova de Alice. Eram belos módulos de bordo claro feitos sob medida, sem adornos e com puxadores luxuosos nas gavetas e nas portas. Eu achava que instalar armários fosse uma tarefa simples – apenas parafusar as coisas na parede. E é exatamente simples assim, mas não tão fácil.

Os padrões de Mary para a instalação de armários não eram negociáveis. Um par de grampos de madeira, nivelador, furadeira e alguns calços foram as ferramentas que usamos naqueles dias.

Os calços eram pedaços de madeira de mais ou menos 22 centímetros de comprimento por 5 centímetros de largura e cortados em ângulo. Eu poderia quebrá-los com as mãos se quisesse, mas eles são cruciais. Geralmente feitos de cedro, parecem pequenas peças de madeira que vêm com um galão de tinta novo. Você os coloca debaixo e atrás dos armários para endireitar e nivelar.

Eu segurava e mexia conforme Mary cuidava de deixar tudo no nível.

– Para cima – ela disse.

Eu pressionei o armário para cima.

– Um tiquinho mais.

Outro empurrãozinho curto com o ombro e as mãos.

– Mais um tiquinho.

E de novo e de novo e de novo.

– Muito alto, muito alto. Abaixa mais.

E assim ia até ficar certo. Então, Mary prendia com o grampo de madeira, verificava novamente o nivelador, mas usava quase sempre os dedos, esfregando a junção entre dois armários para sentir qualquer protuberância onde eles se encontravam. A meta era a aparência e a sensação de *um* objeto sólido em vez de *dois*. Uma vez alcançada, parafusávamos o armário nas vigas escondidas atrás das paredes e seu par logo ao lado.

Comecei a ficar impaciente com a meticulosidade daquilo tudo, com a mudança mínima.

— Está *bom*. Ninguém nunca vai conseguir perceber que está fora.

— Eu percebo — Mary disse. —Algum dia você vai perceber. Não consigo deixar pra lá, desculpe.

Estávamos no meio do trabalho quando o telefone de Mary tocou em seu bolso. Fiquei feliz de poder descansar os braços um pouco.

— Nossa, já faz 4 anos? — ela disse ao telefone. Depois, encolheu os ombros em minha direção, sugerindo que não sabia porque aquele cara estava ligando. Logo isso ficou claro.

— Que tipo de problema de saúde? — ela perguntou. — Ah, Kev... — disse. Sua expressão mudou, seu tom baixou. — Ah, Kev, que péssimo. — Depois, deu uma risadinha e respondeu perguntas sobre sua filha. — Ela já é uma adolescente, dá pra acreditar? Está começando a agir como adolescente também. Essa é a parte mais assustadora. — Mais risos. — É uma forma de se fazer isso — ela disse. — Com certeza é uma forma de se fazer isso.

Após conversar um pouco mais, Mary desligou o telefone e foi para a varanda dos fundos fumar sem dizer nenhuma palavra. Fiquei ali de pé, olhei para o piso e vi o pó que eu precisaria varrer do rejunte. A pedra de mármore da bancada parecia fria ao toque. Era um branco claro com linhas cinzas e pretas que se espalhavam e ramificavam como nervos. O sol brilhava na vasilha de aço inox da batedeira Kitchen Aid que estava sobre o mármore ao lado da janela.

— Acho que ele estava ligando para se despedir — Mary disse quando voltou para a cozinha. Ela explicou que era um velho amigo, que eles trabalharam juntos na mesma equipe de carpinteiros por anos, que ele morava em Pittsburgh agora. Câncer em todas as partes, tumores em todas as partes. — Isso não é bom — ela disse.

Os caixões custavam 4 mil dólares, ele disse para ela. Mas carpinteiros conhecem outros carpinteiros. Ele disse a ela:
– Um amigo meu vai fazer um pra mim com compensado. Vai custar no máximo 200 dólares.

◆

As semanas foram se passando e, dia após dia, a cozinha de Alice ia voltando a ser um cômodo. Isso foi uma coisa que percebi em outros trabalhos também, nos mais rápidos que fizemos, mas ali era especialmente nítido: sempre que trabalhávamos em um lugar, ele se tornava nosso. Uma vez que chegávamos, montávamos as ferramentas e começávamos a fazer o trabalho para o qual havíamos sido contratadas, era como se fôssemos donas do lugar. Em *O nadador,* John Cheever descreve o sentimento de propriedade que um jovem sente com relação à casa de sua amante. "Ele atravessou a porta do muro que ladeava a piscina sem que sequer uma sombra ofuscasse sua autoconfiança. De certo modo, parecia-lhe ser sua aquela piscina, pois o amante, especialmente ilegítimo, dispõe dos bens da amada com uma autoridade que o sagrado matrimônio desconhece."

Substitua a piscina por uma cozinha, sagrado matrimônio por direito de propriedade e amante ilegítimo por carpinteiro relativamente inexperiente e terá o sentimento de direito que eu sentia sobre os lugares onde trabalhávamos. Sem que sequer uma sombra ofuscasse nossa autoconfiança, a cozinha se tornava *nossa cozinha*, o *hall* se tornava *nosso hall*, a varanda se tornava *nossa varanda*. O proprietário, durante o tempo que durava o trabalho, seria de certa forma separado de sua casa.

Na casa de Alice, as serras ficavam na varanda dos fundos e as escadas na sala de jantar. O piso do corredor era protegido por jornal. E quando Alice ia até a cozinha para preparar um sanduíche ou uma torta de maçã, eu pensava comigo: *Dá o fora daqui, minha senhora. Esse lugar é nosso agora.*

Estávamos lá havia pouco mais de um mês quando Alice começou a reclamar seu espaço. A tubulação já tinha sido transferida e os encanadores tinham passado para outra tarefa. Instalamos aqueles lindos ladrilhos italianos cinza; colocamos os eletrodomésticos no lugar; penduramos a coifa gigante sobre o fogão industrial, de modo que Alice podia grelhar a carne. Mary se certificou de que os armários, inferiores e superiores, estivessem perfeitamente alinhados à parede e ao piso. A dispensa estava pronta; as portas de correr, instaladas.

Certa manhã quando chegamos lá, Alice havia colocado latas nas prateleiras da dispensa. No dia seguinte, livros de receita enchiam as prateleiras da parede à esquerda. Em uma gaveta estavam os talheres, em outra, as espátulas, os raladores e os espetos de prata. Uma chaleira apareceu sobre o fogão, uma cesta de maçãs sobre a bancada. O cômodo era um lugar funcional novamente. Estávamos quase terminando nosso trabalho.

Uma das últimas tarefas era instalar uma porta gigante que levava da dispensa à varanda dos fundos.

– Essa porta é um monstro – Mary advertiu.

Instalar portas pode ser um verdadeiro pé no saco. Era um trabalho que exigia precisão, ou haveria problemas com as dobradiças ou com o trinco e ela poderia raspar no batente, emperrar, ficar difícil de abrir e fechar.

Na varanda, do lado de fora, fiquei agachada ao lado da base da enorme porta verde. Mary estava do outro lado da dispensa. Nós não nos víamos, apenas nos ouvíamos. O canto direito do lado em que iam as dobradiças tinha de ser erguido um pouco acima da soleira do esquadro. Eu estava tentando levantar e empurrar; do outro lado, Mary estava com os calços, preparada para enfiá-los debaixo da porta e mantê-la no lugar enquanto ela fosse parafusada nos batentes na altura certa. Eu não podia deixar a porta ceder. A distância para cima que eu tinha de alcançar era de meio centímetro. Esforcei-me e xinguei mentalmente, mas não consegui alcançar minha meta.

Fiz pressão, o rosto vermelho por causa do esforço, e a porta permaneceu exatamente onde estava. "Não tem como eu levantar isso", pensei.

Me reposicionei, respirei fundo e tentei novamente. Nada. Então, perdi a paciência.

Sem esperanças e tomada pela frustração, optei por usar a força bruta. Usei toda a minha força, conjurei todos os meus músculos, embebidos em frustração, realçados pela raiva. Uma onda de empenho e força. E então... a porta se levantou! Uma guinada! Um milagre! Eu tinha conseguido!

E, do outro lado da porta, ouvi:

– Porra, porra, porra.

Como o movimento foi muito rápido e muito brusco, eu tinha esmagado o polegar de Mary.

Eu vira ela martelar o próprio dedo dezenas de vezes. Ela geralmente xingava e fazia pouco caso. O aviso de que ela estava sangrando seria retransmitido com a mesma indiferença com que ela anunciava que precisávamos de mais pregos, a simples comunicação de um fato. Eu lhe perguntei uma manhã se ela já tinha chorado no trabalho. Ela me lançou um olhar que me fez desejar jamais ter feito aquela pergunta antes de responder com um seco "não".

Ela não estava chorando naquele momento, mas xingando, muito.

– Porra! – ela repetiu. Então, ficou quieta e começou a enrolar um cigarro.

Pedi desculpas e coloquei as mãos no rosto. Ela olhou para o próprio dedo, mexeu, assoprou.

– Você me pegou.

Pedi desculpas novamente.
– Provavelmente vou perder essa unha – ela disse olhando para o próprio dedo. Depois, deu de ombros: – Cresce outra de novo.
Quando ela se recuperou e retomamos nossa luta com aquela porta, ela disse do outro lado:
– Certo, tudo bem. *Gentileza*, garota. Levanta um pouco mais. *Devagar*.
Eu levantei, ela puxou e conseguimos. A porta encaixou nas dobradiças, deslizou no batente, o fechamento perfeito.
Dois dias depois, Mary me entregou um martelo e seu dedão estava preto. Parecia que alguém tinha injetado tinta debaixo de sua unha.
– Santo Deus, Mary... Sinto muito...
– A unha tá bem fraca, mas acho que não vai cair – ela disse.
Levei um bom tempo para aprender que nem todos os problemas no trabalho (aliás, muito poucos) podem ser resolvidos com força bruta. Quando uma peça da moldura não sai, ou um armário não fica no nível, ou quando as coisas parecem travadas ou enroladas, ou muito grudadas, ou presas, ou impossíveis de serem arrumadas, ou não estão colaborando de alguma forma, meu primeiro impulso era optar pelos músculos em vez do cérebro, fazer o que tinha de ser feito usando a força do corpo e da vontade. Minha reserva de paciência era rasa e se esvaziava rapidamente. Por outro lado, minha mente ficava cheia e meu corpo reagia de forma rápida e burra.
E assim eu acabava quebrando coisas. Quebrei brocas de furadeiras, pedaços de rodapé, vidros. Estragava paredes e machucava azulejos e, num desses escorregões, até a carne macia da palma de minha mão, onde uma cicatriz marca hoje essa lembrança.

Gentileza, Mary sempre dizia. Em outras palavras, seja sutil, vá devagar, não empurre ou puxe com toda a força. Deixe o material lhe dizer como quer que você aja. Use a cabeça e ouça atentamente. Permita que as leis da física e as ferramentas e a paciência façam o trabalho.

— É uma questão de delicadeza saber onde pressionar — ponderou Mary.

◆

Os últimos dias do trabalho envolveram empacotar e carregar as coisas. Riscar itens de uma lista, fazer a limpeza antes de entregarmos o espaço para as proprietárias o preencherem com suas vidas. Caminhávamos pelo cômodo uma, duas, três vezes para ter certeza de que não havia pó nos rejuntes dos azulejos, que a marca de tinta em volta do interruptor tinha sido removida, que o buraquinho na escada estava preenchido e pintado da mesma cor de todo o resto. No último dia na casa de Alice, revisamos a lista de afazeres, pregamos algumas peças que faltavam no rodapé e nas molduras das portas e janelas, colocamos o *freezer* enorme no espaço que construímos para ele na dispensa. Varremos, tiramos o pó, aspiramos, passamos pano. Pronto e pronto. Durante todo o dia, eu não conseguia evitar de falar sobre a beleza de tudo. Caminhei pela cozinha batendo nas portas dos armários. Lustrei a fechadura branca da porta da dispensa. Puxei as gavetas ("Pare de bisbilhotar", Mary disse). Eu estava animada e orgulhosa. Mary também sentiu isso. Ela não saiu andando pela cozinha, falando sobre como tudo estava lindo, mas estava sorrindo. Ficamos num canto, no mesmo lugar em que ficamos no primeiro dia, quando o cômodo estava vazio, e demos uma boa olhada em tudo. Mary deu um tapinha em meu ombro:

— Bom trabalho — disse.

Tanto trabalho havia sido feito naquela cozinha. Tantas horas, tanto suor e esforço, e nunca mais a veríamos novamente. Ela era nossa e não era nossa. Tudo o que restava a fazer era instalar uma porta telada entre a dispensa e a varanda dos fundos. Era uma estrutura leve e delicada como um vestido de verão. Nós a instalamos de modo que ela fechava silenciosamente com um leve toque. Perfeito.

Alice surgiu atrás de nós.

— Não, não — ela disse. — Quero que ela faça barulho, que bata. Isso me trás a lembrança do verão.

Então, ajustamos a mola e Mary e eu ficamos na dispensa e observamos a porta se fechar e ambas piscamos quando ela bateu, fazendo lembrar o verão.

6

NIVELADOR

Sobre mudar, fixar e mudar de novo

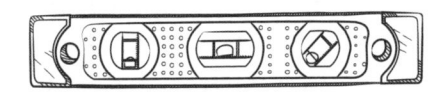

Depois que terminamos a reforma da cozinha de Alice, passamos cinco semanas trabalhando no terceiro andar da torre de uma velha casa em estilo vitoriano, onde mudamos as paredes e instalamos um piso de nogueira. A nogueira, que é uma madeira maciça, oferecia resistência à lâmina da serra de esquadria e exalava um odor rançoso quando era cortada, não o aroma doce de nogueira queimada, mas um cheiro forte e picante, provavelmente de algum produto químico que fora usado para tratá-la (em todas as caixas dos pisos havia a mensagem *Contém produtos químicos conhecidos no Estado da Califórnia por causar câncer*). Fizemos uma cozinha numa casa perto de Harvard Square, em Cambridge, para um casal que, dentre todas as pessoas para as quais trabalhamos, foi o que mais gostei. Eles deixavam *cookies* de limão na bancada com bilhetes dizendo: "Comam", nos presenteavam com potes de geleia caseira feita com as framboesas e amoras da casa que tinham em Vermont, almoçavam conosco. A muda de jade que a mulher me deu está firme e forte num vaso ao lado da janela da sala de meu apartamento. Mas não era apenas a generosidade deles: eu gostava do amor que eles sentiam um pelo outro. Já entrando na casa dos 60 anos, demonstravam paciência e uma proximidade evidente e carinhosa.

– Queremos ser adotadas por vocês – Mary disse certa vez.

Construímos um *deck* em Arlington, um subúrbio histórico que faz divisa com Cambridge, no histórico caminho usado pelo patriota Paul Revere para levar mensagens durante a batalha de Lexington e Concord na Guerra da Independência dos Estados Unidos. Demoramos quatro dias.

Em algum momento, acabei me tornando a comunicadora de nossa equipe de duas. Mary, além de falar sobre fugir da companhia humana e ir para o Alasca, conversava fluentemente sobre carpintaria, mas, às vezes, esquecia-se de que nem todo mundo compreendia aquela linguagem. Em situações em que ela descrevia algum aspecto do trabalho para o cliente e recebia como resposta apenas ligeiros gestos com a cabeça, eu traduzia, com minha compreensão de iniciante da gramática e do vocabulário.

Algo mais ou menos assim: "Vamos colocar uma viga irmã e retificar a parede. O reboco vai secar durante a noite e amanhã vamos estruturar os armários". Isso se transformava em algo como: "Vamos colocar outra viga ao lado dessa para reforçá-la e depois vamos fechar a parede", "reboco é gesso", eu diria e, como sugestão, completaria com um: "caso você saiba o que é". Ou talvez *gesso* fosse algo tão estanho quanto *reboco*. "… E isso vai levar mais ou menos um dia para secar. E depois vamos construir a parte de fora dos armários", eu dizia, usando as mãos para desenhar um retângulo no ar. "Amanhã".

Às vezes, Mary me agradecia.

– Só penso naquilo que eu não teria entendido – eu dizia, o que era, basicamente, tudo. E tenho certeza de que eu já devia ter ofendido algum proprietário ao oferecer uma explicação para algo de que ele ou ela tinha completo conhecimento. *Eu sei o que são* "junções".

Ao longo daquelas semanas, que logo se tornaram meses, ganhei novamente meus músculos. Eu flexionava os braços diante do espelho e ficava feliz de vê-los outra vez definidos. E Mary e eu encontramos um ritmo novamente.

Um verão inteiro de cozinhas, torres, sacadas e *closets* revestidos de cedro logo deu lugar ao outono. Mary me perguntou se eu estaria disposta a ajudar em um projeto na casa dela.

A casa dela era um trabalho inacabado eternamente em andamento. O papel de parede na escada estreita e em espiral estava desbotado e soltando; buracos no gesso marcavam as paredes como cicatrizes; farelos de gesso cobriam o chão; a porta de um banheiro não tinha guarnição; a banheira era uma confusão de pincéis velhos e areia para gatos; um piso de carvalho gasto cobria o chão; pedaços de ripas atravessavam furos na parede de outro banheiro. Na sala de estar, onde a chaminé havia sido removida alguns anos atrás pelo demolidor selvagem e seus dois filhos, uma peça mal ajustada de madeira compensada cobria o buraco no chão. Fitas azuis de pintura permaneciam presas ao teto desde quando havíamos pendurado lonas de plástico para proteger a cozinha do pó quando a chaminé foi demolida.

A casa era tomada por tarefas pela metade, o que entrava em conflito com a meticulosidade de Mary no trabalho. Sua própria casa era inacabada porque trabalhos pagos sempre apareciam e o tempo ia, assim, passando. Primeiro, a cozinha ganhava rodapés em apenas uma parede e ficava assim durante algumas semanas, depois alguns meses, e finalmente um ano havia se passado e a outra parede continuava vazia, à espera do acabamento, até que enfim desaparecia na paisagem natural do resto da casa. Ou pode ser que, toda vez que Mary entrava naquele cômodo, toda vez que lavasse a louça, um olhar de relance avistasse o espaço vazio onde deveria haver um rodapé, outra lembrança, *ah, falta isso também*.

Mary estava comprometida com um cômodo no terceiro andar, um espaço com tetos altos, madeira antiga e escura, e claraboias. Ela queria transformar aquele cômodo em seu escritório. O lugar era pouco iluminado, empoeirado e apertado, cheio de pedaços de madeira e com uma enorme lata de lixo e rolos de material para isolamento térmico espalhados pelo chão. Esbarrávamos uma na outra conforme disputávamos o espaço com as serras e os baldes de ferramentas.

O teto era inclinado, seguindo a ponta acentuada do telhado. A casa fora construída em 1886 e o assoalho era largo e escuro. Enquadramos uma meia parede de mais ou menos 90 centímetros de altura que era usada como apoio para as vigas; passamos a fiação para as luzes no teto; aplicamos isolamento rosa nos espaços entre as junções.

– Aí não – Mary disse quando eu já ia colocando mais isolamento em uma das junções. – Aí vamos fazer uma claraboia.

Cortamos a madeira velha e podre que cruzava as vigas com uma serra de sabre e extraímos os pregos enferrujados. Refizemos a moldura e cortamos pedaços de madeira da mesma largura da viga. Mary fez uma abertura no teto, primeiro um rasgo de luz, depois o céu e a claridade tombaram no chão inteiro e o ar gelado derramou-se para dentro do cômodo como água. Mary subiu na borda fina do telhado e se arrastou e cortou mais da abertura do lado de fora, pedaços de telha rolando pela calha. Mais luz banhou o chão. O cômodo era outro. E a mesma sensação que tive na casa dos russos, onde as formigas carpinteiras haviam devorado a madeira da janela, repentinamente voltou: e se nós não conseguirmos terminar a tempo? Os dias eram mais curtos naquela época do ano. E se chovesse? Mas essas perguntas foram apaziguadas. Já tínhamos feito aquilo antes, uma parte de cada vez. Iríamos conseguir fazer de novo.

Mary foi removendo as telhas, erguendo-as sem quebrá-las, retirando os enormes pregos de cabeça chata. Ergui a janela e a passei para Mary, que estava ajoelhada sobre o telhado. Colocamos a estrutura no lugar, garantimos que estava centralizada, movendo-a no buraco para trás e para a frente, para cima e para baixo, e Mary bateu alguns pregos para mantê-la no lugar. Era um dia frio de novembro, claro e aberto, e Mary soprava e esfregava as mãos para mantê-las aquecidas dentro das luvas de trabalho. Depois de instalar as luzes, ela passou ao trabalho lento de reinstalar as telhas no telhado.

– Nunca quis trabalhar com a instalação de telhados! – gritou lá de cima.

Enquanto ela estava lá fora, no telhado e no frio, preguei um sarrafo em um espaço arqueado que levava à outra janela do cômodo. Ela pregava as telhas; eu pregava outras coisas necessárias. Martelávamos e martelávamos, em cima e embaixo, transformando o cômodo, mudando-o e mantendo-o igual. Mary desceu pela janela, pálida e gelada.

– Terminou lá fora?

– Terminei.

O sol, que no início estava nas costas de Mary enquanto ela trabalhava, e que brilhava dentro do cômodo, havia atravessado o céu e agora estava atrás, do outro lado da casa, já se pondo. O céu tingia-se de púrpura e algumas poucas nuvens torcidas como a fumaça leve de cigarros passeavam no horizonte.

– Está 1 centímetro fora de nível – disse Mary. Fiquei calada, me perguntando se aquilo significava que teríamos de retirar tudo e refazer o trabalho. A janela deve ter escorregado antes de ela pregá-la, Mary explicou. – Eu devia ter usado o nivelador. Quer ir ver se dá pra perceber lá de baixo? – Fiquei preocupada com a aparência.

– Vai deixar entrar chuva?

– Meu Deus, não – disse Mary. – Pelo menos eu espero que não. Só estou pensando se não vai ficar com aparência de torta.

Ela parou ao lado do fogão à lenha para aquecer as mãos quando fomos à varanda do segundo andar. Olhamos para cima, para a nova janela. E que alívio! Não havia nenhuma evidência de nenhum centímetro de desnível. Tinha a aparência esperada.

De volta lá em cima, ficamos de pé lado a lado diante da nova janela, ombro com ombro, e olhamos para fora, para as varandas e sacadas dos fundos e para as janelas das casas vizinhas, onde as luzes começavam a se acender, uma cor amarela e convidativa brilhando contra o céu que escurecia; para o horizonte de Boston, a mais de 5 quilômetros de distância, um borrão avermelhado de prédios, subindo e descendo, acima da silhueta do Charles River que não conseguíamos ver e das pontes que o atravessavam; para as novas nuvens, mais cheias, mais altas, mais constantes.

Nos galhos do bordo enorme que ficava ao lado da nova janela, folhas vermelhas balançavam ao vento, folhas que cairiam nos próximos dias, passageiras nesse mundo, que deixariam o esqueleto da árvore nu contra o céu. Eu sempre adorei o mês de novembro, quando os ossos das árvores começam a ficar expostos.

Soltei minha frase habitual – *está maravilhoso, veja, incrível* –, arrebatada novamente pelo trabalho e por seu poder de transformação. O cômodo permanecia inacabado, ainda era uma bagunça de materiais, fios e madeira, tudo exposto, poeira por todo canto, rebarbas de isolamento dependuradas no ar, à mostra. Mas ele ficaria pronto. Em semanas ou em meses. Devagar e com o tempo, ele ficaria pronto. Estava diferente agora, passara de um lugar escuro e estreito a um lugar claro e convidativo, um lugar agradável para se sentar e pensar conforme o sol descrevia seu arco através do céu, conforme as folhas voltassem a cair anunciando o final de outra estação e a árvore ali ao lado ganhasse um novo anel.

Mary balançou a cabeça:

– Isso muda tudo.

◆

As folhas do bordo cederam, a temperatura caiu e nós entramos no inverno. Após aquela claraboia, já nos idos do ano, Mary planejou parar o progresso no escritório no terceiro andar para refazer o banheiro lá embaixo, aquele que tinha uma banheira cheia de pincéis e as paredes decadentes.

Passei na casa de Mary para pegar o último cheque antes de fazermos nossa pausa anual. Ela me falou dos planos para o banheiro.

— Me liga se quiser ajuda — eu disse.

— Vamos ver se vou poder te pagar. Estou cagando de medo do preço do encanamento.

Nós nos abraçamos e desejamos feliz Natal uma à outra, sabendo que talvez só voltaríamos a nos ver em meses. Não tive medo da pausa, pois sabia que a próxima estação chegaria.

Mais ou menos nessa época, meu pai e sua namorada compraram uma casa perto de um rio, num bosque no sudeste de Massachusetts. Meu pai finalmente tirou suas coisas do depósito em que elas estavam havia seis anos. Visitar sua nova casa significava ver itens familiares de nossa infância libertados de caixas escuras em um depósito gelado. Muitas caixas empilhadas no porão permaneceram fechadas, a maioria delas ostentando a palavra LIVROS.

Durante uma das primeiras visitas que fizemos, nós nos sentamos ao lado da lareira, meus irmãos, meu pai, eu e nossos respectivos parceiros. Do lado de fora da janela, o comedouro dos pássaros era uma festa. Pombas rechonchudas, cardeais brilhantes, as penas já mais para um vermelho desmaiado do que na plena pujança do verão, uma trepadeira azul, alguns chapins, um pica-pau. Eles batiam velozes as asas e comiam, alguns bicando o comedouro que estava sobre um poste, outros no chão, caçando as sementes, outros ainda na pequena gaiola de sebo que pendia de um galho, branca como a neve. Meu pai identificou cada uma daquelas aves. Quando uma delas mergulhava na cena, ele previa a qual comedouro ela iria — poste, chão ou sebo. E acertava, sempre. Falava sobre como era possível sentir a presença de um falcão nas proximidades – os pássaros ficariam parados antes de se dispersarem.

Após assistir aos pássaros, voltamos nossa atenção para dentro da casa, para o fogo. Escurecia e a janela pela qual observávamos o comedouro refletia as lâmpadas, a lareira de pedra e nossos rostos. Conversamos e rimos. Por fim, todos começaram a ir para a cama. Meu pai se levantou, olhou para mim e fez um gesto com as mão em direção à lareira.

– Estantes – ele disse, apontando para um enorme espaço vazio na parede. Imaginei-as de imediato.

– Ótima ideia – eu disse.

– Gostaria que você as fizesse para mim.

Franzi a sobrancelha. A descontração de uma noite de riso ao lado da lareira transformou-se numa tempestade de dúvidas. Eu construí-las? Sozinha? Eu não podia verbalizar que não sabia se conseguiria, que depois desses anos trabalhando com Mary eu ainda duvidava de minha habilidade de construir estantes sozinha. Eu não queria admitir que o simples pensamento daquilo me aterrorizava. Então, menti. Disse-lhe que não sabia como seria minha agenda, se eu não teria que trabalhar com Mary naqueles dias.

– Não sei se vou ter tempo.

Quando fui me deitar, fiquei pensando nas estantes. Minha reação quando meu pai me perguntou foi imediata e surpreendente. Será que eu conseguiria? Eu sabia fazer aquilo, não sabia? Repassei os passos em minha mente, aqueles que tinha aprendido com Mary e realizado tantas e tantas vezes. Uni as peças mentalmente, começando com as bases, passando para as molduras, as prateleiras, o acabamento. Eu as faria da mesma altura da janela, pensei, manteria uma linha consistente em todo o cômodo. Uma tomada em uma parede significava que eu teria de fazer um buraco na parte de trás. Aquilo tudo eu já tinha feito antes, já tinha visto Mary fazer.

– Me mantenha informado sobre as estantes – meu pai disse quando saiu da sala. – Gostaria de começar a desempacotar aqueles livros.

De volta a Cambridge, continuei pensando nas estantes e as tornei mais reais em minha mente, mais possíveis. O piso provavelmente não estava nivelado, imaginei, e tentei me lembrar de como corrigir aquele problema. Eu teria de mudar a moldura da janela. Em minha mente, eu sabia que era capaz.

Mas quando meu pai ligou para saber se eu teria tempo para as estantes, novamente eu hesitei. O projeto havia tomado forma em minha mente, mas, com as ferramentas em mãos, será que eu seria capaz de traduzir para a madeira o que eu sabia? Ou será que, sem Mary no comando, eu viria a descobrir que não tinha aprendido nada? Um pensamento terrível que trazia um desconforto tenso, aquele enfrentamento de que eu poderia estar vivendo uma mentira. Eu fazia bem o papel de carpinteira, mas seria capaz de fazer bem o trabalho?

Aquela sensação era familiar. Quando comecei a trabalhar no jornal, assim que passei a escrever artigos, eu me levantava angustiada. Como vou dar conta? E se eu não terminar no prazo? E se eu não conseguir dizer o que quero dizer? Tratava-se de um medo forte e específico de errar, de ser golpeada pela inabilidade de expressar o que eu sabia, ou de expressar o que eu sabia de uma maneira que revelasse que eu era uma farsa.

As perguntas sobre a carpintaria repetiam as do jornalismo. *Como vou dar conta? E se não der certo? E se eu não descobrir como fazer? E se eu não conseguir traduzir para a madeira o que eu sei?* A dúvida inundava meus pensamentos e adiava quaisquer possibilidades de iniciar o trabalho. Começar era abrir a possibilidade de foder com tudo.

O escritor Gabriel García Márquez certa vez disse ao *Paris Review* que: "no fim das contas, a literatura não passa de uma carpintaria... ambas são trabalhos bastante duros... ambas trabalham com a realidade, um material tão duro quanto a madeira".

É verdade que tanto a escrita quando a carpintaria exigem paciência e prática e que ambas giram em torno do esforço de fazer algo certo e bom. Ambas envolvem cometer erros e ser capaz de ficar neles até acertar; em ambas, a melhor forma de compreender uma coisa é quase sempre desmontando-a; em ambas, as pecinhas individuais se combinam e se conectam para fazer algo maior, inteiro, completo; em ambas, começamos com nada e terminamos com alguma coisa.

Mas o que mais me atrai no trabalho de carpintaria é sua distância das palavras. A região em meu cérebro que é ativada quando estou fazendo uma estante é diferente daquela que une palavras e frases. E que alívio é não ter de me preocupar com a palavra certa, não ter de pensar incansavelmente se tal ou tal forma é a melhor maneira de dizer tal ou tal coisa. As perguntas que a carpintaria faz são as mesmas, enfim: isso vai funcionar? Isso vai funcionar como deve, ser real e forte? Mas as respostas vêm de outros lugares da mente e é bom sair do lugar das palavras e aventurar-se num reino menos conhecido que lida com espaço, números, ferramentas e materiais. Grande parte do que a carpintaria exige não me vem de forma natural – ângulos, números, lógica básica. Mas, na carpintaria, você tem uma trena, uma serra, um lápis, um pedaço de madeira. Concretas, compreensíveis, reais no mundo, cada uma dessas coisas têm um propósito específico.

García Márquez admite, algumas frases depois, que jamais praticou a carpintaria. Se tivesse praticado, saberia que um pedaço de madeira não é o mesmo que uma palavra. Uma parede é real. Um rodapé que esconde o espaço entre a parede e o piso também é real. Há uma sensação de completude na carpintaria que não existe na escrita. As palavras são irreais e mutáveis; uma medida, um corte, a poeira em meus pulmões e um pedaço de madeira que se encaixa perfeitamente com algumas marteladas são o oposto do abstrato. Medir, medir, marcar. Cortar. Pregar.

O processo de construir um escritório em seu quintal lembrou a Michael Pollan: "quanta realidade escapa à rede de nossas palavras". A linguagem se torna menos útil quando você constrói uma estante. Um certo vazio, em determinado momento, preenche sua mente. Aquela meta distraída, flanando acima das palavras e dos pântanos de emoções, completamente absorta nas ferramentas e na madeira, envolve o esvaziamento da linguagem. E que alívio é quando as palavras não importam. A prateleira é real e no exato momento em que a lixo ela é tudo o que existe. Escrever é ficar vagando no espaço dentro de seu crânio. É construir algo, sim, claro – mundos e pessoas, estados de espírito, humores, verdades – mas é algo mais próximo a uma invocação. Um parágrafo não sustenta sua taça de vinho, mesmo que esse parágrafo esteja perfeito.

Muito do que Mary me ensinou não envolve palavras. A clássica máxima a respeito da escrita também se aplica à carpintaria: *mostre, não conte*. É difícil explicar como instalar um medalhão de gesso. É melhor aprender vendo como o trabalho é feito e fazendo depois. Incansavelmente. As lições verbais de Mary – *comece com a carne malpassada; gentileza; devagar; seja mais esperta do que as ferramentas* – são todas proclamadas da forma como ela faz seu trabalho, da maneira como se move e usa as ferramentas para resolver cada problema. Você pode ler livros e mais livros que ensinam como construir uma parede ou instalar ladrilhos, ouvir alguém falar durante 4 horas sobre as melhores formas de construir uma escrivaninha ou uma estante. Esses livros e essa pessoa podem até usar as palavras certas, construir uma rede mais apertada, mas até você segurar o martelo, até sentir dois pedaços de madeira se unindo após imprimir-lhes certa pressão, até ficar de pé sobre alguma coisa que você construiu e caminhar sobre ela e pular e colocar alguma coisa em cima dela, até fazer essas coisas você não saberá como elas são feitas. Toda a linguagem do mundo não é capaz de fazer uma estante existir. É preciso observação e trabalho e erro e mais trabalho até que finalmente uma estante esteja pronta.

◆

Passei horas esboçando e ruminando o planejamento das estantes que meu pai queria. Liguei para Mary para saber se ela podia me emprestar algumas ferramentas.
– Você vai começar a andar sozinha – pude ouvir o sorriso em sua voz. – Isso é bom.
– Ainda não disse que aceito.
– Aceite! Você sabe o que está fazendo. Lembre-se de que vai demorar mais do que imagina.
– Eu estava imaginando quatro dias.
– Eu estou imaginando mais tipo uns oito.
– Merda.
– Lembra quando você mal conseguia usar a furadeira?
Naquela noite, sonhei com estantes. Em cima de uma escada na areia, eu construía uma estante na praia. As prateleiras davam para o mar e a maré estava subindo, as ondas lavando as prateleiras mais baixas, ensopando os livros que já estavam nelas, inchando as páginas, carregando alguns consigo quando recuavam para o oceano. Eu estava construindo estantes mais e mais altas para que as ondas não as alcançassem. Quando me virei, vi gaivotas mergulhando para pegar os livros que tinham sido arrastados e estavam boiando no mar. Minha escada continuava escorregando na areia e minha preocupação era como eu martelaria na água.

Pela manhã, liguei para meu pai e lhe disse que poderia fazer o projeto.

Era o terceiro dia da primeira onda de frio da estação e o ar gelado fazia tudo parecer quebradiço, ossos e galhos. O caminho até a casa de meu pai, com o carro cheio de madeira, estava cândido pelo frio; o céu, pálido.

Cheguei no final da tarde, atravessei a estrada de terra cercada por árvores esguias, troncos altos e estreitos tomados por líquens verde-claro. A casa parecia uma cabana – fogão à lenha e cobertores de lã e um teto triangular. O ar lá dentro tinha o aroma adocicado de madeira e folhas mortas e um leve murmúrio do mar. Como eu vinha da cidade, percebi a serenidade. Um barulho de pássaros, o farfalhar de galhos e folhas secas. Não havia o zumbido da cidade, não havia o ruído do tráfego, o movimento, as luzes dos postes, nenhum chiado da televisão de um vizinho. Ali, à noite, a escuridão e o silêncio cobriam a casa como uma colcha.

Descarreguei a madeira na varanda dos fundos que dava para 90 centímetros de grama e uma parede de musgo e o rio em algum lugar para além. Olhei para a pilha de peças, para os pacotes de guarnição e parecia impossível que aquilo se juntaria para compor algo real e útil. A luminosidade estava diminuindo, e eu olhava para a madeira e imaginava a forma como cada placa e cada guarnição seria cortada, como elas seriam atadas. Vindas de minha respiração, as lufadas de vapor branco e quente aumentavam em volta de meu rosto a cada expiração.

Na pouca luz que restava do dia, perfurei os buracos nas laterais das caixas onde os suportes sustentariam as prateleiras. Segurei a broca e olhei para a madeira um pouco mais. Respirei fundo, sabendo que aquele primeiro furo era a primeira chance de eu cometer um erro. Olhar é manter a perfeição na mente; aplicar a ferramenta na madeira é abrir--se ao erro. *Você sabe fazer isso*, eu disse a mim mesma. Coloquei a broca e apertei o gatilho, e a broca entrou na madeira. O barulho contra o silêncio do pântano era quase uma violência. Perfurei buraco após buraco enquanto os patos grasnavam no rio. Terminei de perfurar duas placas – metade estava pronta quando começou a nevar. As lâmpadas da varanda banhavam a madeira de luz. E se eu prendesse a respiração, podia ouvir o som da neve caindo, aquele murmúrio de folhas de papel.

Quando terminei de perfurar a madeira, minhas mãos estavam doendo por causa do frio. Empilhei as tábuas, instalei os cavaletes num canto e guardei a furadeira no estojo. Eu ficaria na casa de meu pai até que as estantes ficassem prontas. Além de planejar incansavelmente as estantes em minha mente, meus pensamentos insistiam em voltar às críticas inevitáveis de meu pai. Ele é perfeccionista e rápido para apontar erros. Imaginei-o espiando o trabalho, em suas calças cáqui e sapatos de couro e camisa bem passada, fazendo aquele som com a língua. *Você vai fazer assim?* Previ ter de lembrá-lo de que ele havia me contratado.

Caminhei pela sala para espantar o frio e ele entrou e me disse para sentar. A gravidade de seu tom ergueu barreiras, aquelas que se erguem como proteção a más notícias, como escudos contra coisas que não queremos ouvir. Sentei-me e olhei para meu colo, fingindo estar concentrada em esquentar os dedos.

— Você que manda aqui — ele disse. — E você tem o direito de me dar um pontapé no traseiro se eu começar a ser babaca.

Eu ri. Não estava esperando por aquilo.

Ele disse que estava feliz de ser eu a pessoa que construiria aquelas estantes, que colocaria minha marca em sua nova casa naquela nova fase de sua vida. Falou sobre orgulho. Falou sobre o quanto aquilo significava para ele. Como explicar o desconforto provocado por aquele momento de sinceridade? Afinal, aquela não era a forma como costumávamos nos comunicar em nossa família. Fazíamos piadas e falávamos sobre livros e o carinho era compreendido e não expresso. Conforme meu pai falava, tentei a telepatia: *pare, por favor, até isso é demais.* Olhei para ele. *Ah, não, pelo amor de Deus, você está chorando?* Senti vergonha e vontade de sair correndo. Engoli seco e encolhi os ombros.

— Vamos ver como elas vão ficar — emiti lá de trás daquelas barreiras invisíveis. Mas, de lá, eu também sentia o significado daquelas estantes, de contribuir para a casa nova e para a fase nova da vida de meu pai construindo um espaço para seus livros. Ele adorava citar uma frase de Anthony Powell que dizia que: "os livros dão vida a um cômodo".

Naquela noite, o jantar foi sopa, uma sopa grossa que ele preparava com linguiça, pimenta vermelha e feijão branco. Comemos sentados lado a lado na ilha na cozinha. Aquele era exatamente o tipo de comida que eu queria depois de ter passado tanto tempo no frio. Meu pai esquentou as tigelas com água quente antes de servir a sopa.

Ele me viu olhando uma pilha de catálogos de semente que estavam na bancada, algo que me lembrava de minha infância, de olhar todas aquelas imagens coloridas de amor-perfeito e melões e abobrinhas e todas elas e mais outras aparecendo depois em nosso quintal no verão.

– Vamos derrubar algumas árvores e fazer um jardim – ele disse.

Enquanto comíamos, ele falou sobre iscas. Falou sobre ter uma oficina de novo. Estava desempacotando as ferramentas. A bancada que ficava no porão era uma bagunça de grampos e niveladores e pincéis, pássaros esculpidos pela metade, ainda sem pintura, pedaços de troncos, limas, cinzéis e lixas, todas aquelas ferramentas para madeira cujos nomes eu ainda desconhecia, todas elas livres de caixas e prontas para serem usadas. Aposto que ele gostava de tocar aquelas ferramentas, de sentir os corpos de madeira dos pássaros que esculpia, de sentir o potencial, de voltar a esculpir.

– Espere aí – ele disse depois que terminamos de tomar nossa sopa. Desceu até o porão e o ouvi fuçando em alguma coisa lá. – É maravilhoso tudo o que encontrei – disse ele, subindo as escadas.

De volta à cozinha, trazia debaixo do braço um tubo de papelão envolvido num papel delicado, seco e amarelado. Desenrolou o tubo e mostrou o desenho a lápis de uma grande garça azul, o pescoço em S e as pernas esbeltas, um belo desenho de mais ou menos 1,20 metros de altura. Pensei que ele já tivesse se esquecido de sua promessa de me fazer uma garça azul de madeira.

— Bonita, né? — ele disse.

Respondi que era muito bonita.

— Agora, só preciso passar a imagem para a madeira. Imagina só como vai ficar em três dimensões...

◆

A noite foi fria. Pela manhã, fiz as caixas da estante, a casca externa dos compartimentos, e preguei os fundos. Cortei as prateleiras, seis para cada compartimento, e cortei os acabamentos das prateleiras e das caixas. Medi, marquei, cortei — incansavelmente. Fixei as peças de moldura às estantes, fiz fitas de álamo de 2 cm x 4 cm no topo de cada prateleira para esconder as rebarbas do compensado.

Meu pai foi fazer suas coisas, acompanhado por grandes canecas de chá enquanto trabalhava no computador em uma estratégia de *marketing* para uma ONG de Boston. E observava pela janela seus pássaros no comedouro do lado de fora da casa.

— Olha lá, um pica-pau! — ele gritou do outro cômodo.

E eu me inclinei para olhar pela janela e ver a cabeça vermelha e as asas brancas e pretas daquele passarinho, o tamborilar alegre de seu bico na madeira ecoando no bosque.

Então comecei o lixamento, a aplicação do primer e a pintura, uma etapa que pareceu levar dias. Jonah, meu namorado, apareceu para ajudar nos últimos estágios do projeto e foi bom ter ajuda e companhia para quebrar o tédio e acelerar o lixamento, a aplicação do primer e a pintura. Fiquei nervosa com a instalação, quando os erros apareceriam. Enviava mensagens de texto apavoradas para Mary. *O que acontece quando...? Fazemos isso assim ou...?* E ela respondia imediatamente, respostas simples.

O piso estava abaulado, subindo e descendo como ondas leves. Foi preciso tempo e paciência com os calços e com o nivelador para acertar as bases sobre as quais a estante ficaria, subindo e descendo até a bolha do nivelador ficar no lugar.

Os niveladores, com tubinhos cilíndricos quase cheios de uma substância amarela ou verde e com uma bolha de ar que se move de um lado para o outro, são conhecidos como nível de bolha. O álcool dentro do cilindro indica o nível. O uso do nível é um dos últimos testes do trabalho de carpintaria. A bolha deve ficar no meio do nível. Perfeita, sim: grampo, parafuso, verificar novamente; está no nível? Pronto, feito. Coloque o nivelador no batente da porta, em cima e embaixo, e a bolha de ar encontrará o centro se tudo estiver como deve estar.

Eu às vezes queria que existisse uma ferramenta que fosse capaz de medir o prumo de nosso espírito, uma ferramenta que nos ajudasse a decidir o que é certo para nossa vida. Como seria útil ter um instrumento que mostrasse, com o movimento silencioso de uma bolha de ar, que deveríamos mudar nosso prumo um pouco mais à esquerda – só um tiquinho – e todo o resto ficaria equilibrado e certo. Mas não é assim na vida, claro. Se seu espírito está equilibrado num minuto, não há garantia de que continuará assim no minuto seguinte. Nós nos deslocamos, ou não nos deslocamos, fazemos ajustes, mudamos, com a intenção e a esperança – e, às vezes, sem nenhuma intenção – de que a bolha de ar encontre o centro.

Mary tinha um nível de 1,80 metro, mas na maior parte das vezes usávamos o de 60 centímetros e o nível de bolha, um camaradinha de 15 centímetros. Os niveladores têm três tubos cilíndricos, um no centro e um em cada ponta. O cilindro do centro lê o nível na horizontal: um piso, uma prateleira. Os cilindros em cada ponta medem o prumo na vertical: o batente de uma porta, uma parede. Duas linhas minúsculas marcam cada cilindro e a bolha de ar dentro deles tem exatamente o tamanho da distância entre essas marcas.

    O nível é um instrumento silencioso. Ver aquela bolha de ar estacionar entre as linhas é sentir alívio e satisfação. E o nível é também uma ferramenta que gera lapsos temporários de sanidade. Por exemplo, quando você ajusta armários no chão, um calço fino no canto da frente recebe uma leitura de lado correta, mas descompassa as partes dianteira e traseira. Mais calços, mais ajustes, um pouquinho para cima, um tiquinho para baixo. Perco a paciência. É como sentir estar bem próximo de um texto que, de repente, você não consegue mais ver, o enredo some, tudo desaparece e continua ao mesmo tempo lá, mas invisível. O mesmo acontece às vezes com o nível. A bolha de ar se move e para, mas se recusa a dizer o que você quer que ela diga. Um calço a mais ou a menos, outro, e nada está onde deveria estar e cada movimento o distancia ainda mais do lugar onde você gostaria que ele estivesse Tive de dar um tempo, ir fazer outra tarefa, esfriar a cabeça e só então voltar ao nível, retirar todos os calços e começar de novo, tentar de novo desde o início.

    Uma vez que as bases estavam niveladas, era hora de colocar as caixas contra a parede para ver se tudo estava certo. Temi aquele momento. Temi que os cálculos imprecisos se pusessem a nu. A primeira estante, ao lado direito da lareira, ajustou-se perfeitamente. Era a mais simples, aquela que não fazia canto com a janela. Fiquei satisfeita com a distância entre o interruptor e a lateral da estante, e contente que a estante propriamente dita tenha se encaixado como o esperado entre as pedras da lareira. Coloquei a outra estante no lugar. O orifício que eu fizera com a serra tico-tico deslizou sobre a tomada à direita, centralizada, perfeita. O lado esquerdo estava nivelado à moldura da janela que eu tinha removido e cortado para fazer a estante caber. Ah, a junção estava perfeita! Fiquei fascinada. Esse é sempre o melhor momento – antes de tudo estar terminado, antes de a última peça ser instalada e limparmos tudo e partirmos – quando você pode ver a coisa toda.

Meu pai fez uma pausa no trabalho e foi à sala de estar enquanto eu, de pé, mãos na cintura, admirava as estantes. Seu sorriso era grande e genuíno.

– Ei, tudo bem? – ele perguntou. Depois, cumprimentou-me. Ele via o mesmo que eu.

Mais tarde, enquanto eu arrumava as ferramentas e guardava as latas de tinta, aliviada com o fato de as estantes terem encaixado, de eu ter feito tudo certo e bem, meu pai voltou à sala, más notícias estampadas em seu rosto. Ele acabara de receber um *e-mail* de meu irmão caçula dizendo que o pai de sua namorada estava morrendo e que tudo estava acontecendo muito rápido. Nos anos em que meu irmão e sua namorada estavam juntos, ficamos amigas. Seu sorriso alegrava qualquer lugar onde ela estava. Eu não conheci seu pai, mas sabia que ele era jornalista, assim como ela. Meu pai deu a notícia e ficamos calados. Durante esse momento, o silêncio pareceu um recipiente para o que estávamos sentindo. Tristeza, claro, o enfrentamento dos fatos e a incredulidade, uma dor diante do simples pensamento de um amigo enfrentar um mundo novo com a morte de um ente querido, mas também a valorização da sorte, o reconhecimento de que ali estávamos, naquele momento, juntos, meu pai e eu.

Ele voltou para o escritório e eu terminei de guardar as ferramentas e coloquei um casaco para dar uma caminhada. Passei por meu pai no escritório. Ele estava de costas, diante da mesa, olhando para seus pássaros na janela. De vez em quando, tudo de ruim se esvai e a raiva acumulada e a mágoa e a confusão dão lugar ao vislumbre de uma verdade diferente. E o que eu via era que ele estava fazendo seu melhor, como todos nós, ansioso e animado por compartilhar seu entusiasmo com os pássaros, os peixes e os livros, mantendo os comedouros cheios de sementes de girassol, inseguro, como todos nós, de se colocar e colocar seu amor louco em foco. Fui tomada por um momento de carinho avassalador. O pai de nossa amiga logo morreria; o meu pareceu tão feliz quando vira as estantes no lugar.

— Tchau, pai! – gritei conforme abri a porta e saí para minha caminhada, e minha voz quase falhou.

◆

Instalei enfim as últimas peças do rodapé, cobri os buracos dos pregos, limpei as manchas de tinta e a estante estava pronta. Peguei uma vassoura e varri a sujeira. Tirei uma marca de tinta do chão, separei as ferramentas. Desenrolei o tapete de volta ao lugar, reposicionei a grande poltrona ao lado da lareira. Devolvi o abajur a seu lugar perto da janela, coloquei os pedaços de madeira em uma lata de lixo do lado de fora. Peguei uma cerveja, sentei-me próximo da janela e observei as estantes.

Tonta por causa do longo dia de trabalho e por causa da cerveja, pensei novamente na transformação que havia acontecido. Do solo e da semente a uma grande árvore com tronco nodoso, da serraria às tábuas, de peças unidas uma a uma, lixadas, àquele objeto, real no mundo. Primeiro uma coisa, depois outra completamente diferente. Fiz um gesto com a cabeça agradecendo às árvores que cedem suas vidas para aquelas estantes, da mesma forma como meu pai dizia algum tipo de oração não religiosa de agradecimento quando pegava um peixe – não em agradecimento por ter pegado o peixe, mas ao peixe por ceder sua vida. Uma onda de agradecimento às árvores inundou-me inteira.

— Obrigada, árvores – eu disse em voz alta. Uma coisa, depois outra coisa completamente diferente. Não estou familiarizada com mudanças, sofro com as passagens como todo mundo sofre. Elas são difíceis, penso, porque, silenciosas, elas nos lembram da passagem final.

Meu pai estava na cozinha com sua namorada. Eu os chamei, e Jonah também se juntou a nós. Nós quatro nos sentamos no assento ao lado da janela, que era pequeno demais para todos nós, mas nós nos apertamos para cabermos e então houve brindes e parabéns e exclamações. Meu pai gostou das sombras escuras produzidas pela moldura superior; sua namorada notou como o canto superior de uma das estantes alinhava-se com o canto superior da cornija (uma feliz coincidência, como diria Mary: pura sorte). Eu gostei da união entre a estante e a moldura da janela. Brindamos e olhamos para as estantes, e as estantes pareciam sorrir radiantes de volta.

– Aos livros e às estantes, à criatividade, ao trabalho árduo e à família – meu pai disse, levantando seu copo.

Na manhã seguinte, colocamos as coisas no carro e nos despedimos dos pássaros. Meu irmão Sam mandou um recado: "Fiquei sabendo que você acabou de fazer as estantes do papai. Quer fazer uma mesa, uma bem grande, para o meu aniversário?" Respondi que adoraria. Tirei uma foto das estantes e mandei para Mary.

Enquanto conversávamos do lado de fora, vi o nivelador que eu havia esquecido debaixo da poltrona. Peguei-o e coloquei-o sobre uma prateleira e observei a bolha de ar se mover e parar. Não estava exatamente no meio, mas estava bom o suficiente. Nenhum livro cairia daquelas prateleiras.

Acenei e buzinei e fomos para casa. Quando chegamos, fiquei feliz de saber que eu voltaria a ver aquelas estantes, então cheias de livros, que me sentaria novamente diante de algo que eu construíra, duas estantes ladeando a lareira.

◆

De volta a Cambridge, telefonei para Mary perguntando quando eu poderia passar em sua casa para devolver as ferramentas que ela me emprestara.

– A porta dos fundos está destrancada – ela disse. – Pode vir.

Peguei o carro e dirigi até Somerville; abri o portão da casa de Mary. Ela havia coberto a pilha de entulho com um encerado para protegê-la da neve. O monte crescera novamente e espantou-me a rapidez com que fomos capazes de produzir tanto. Notei alguns fragmentos pontiagudos de uma banheira que não estavam lá antes, pedaços grandes e pequenos, um pé intacto servindo de peso para o encerado.

Subi as escadas dos fundos e entrei na cozinha.

– É sua banheira lá fora? – perguntei.

– Vem dar uma olhada.

Eu a segui até o banheiro.

– Precisei dar umas cinquenta marretadas pra começar a rachar aquele monstro.

– Mary, está maravilhoso! – eu disse, admirando a reforma que ela fizera. O cômodo estava nu, mas aquele era exatamente o momento anterior a todas as peças finalmente se juntarem. Ela tinha arrancado o velho assoalho de carvalho, derrubado as paredes, tirado a pia, a banheira, o vaso sanitário. Tufos de isolamento espalhavam-se por todos os lados. Havia rebites, vigas e canos.

– Dá uma olhada nisso – ela disse, e eu entrei e ela me mostrou a moldura de uma porta de correr com uma prateleira em cima. – Para colocar plantas, talvez... sei lá. – Depois, apontou para o canto abaixo da janela. – O vaso sanitário vai ali. E eu acabei de preparar a área molhada do chuveiro.

– Ladrilhos de metrô?

– Instalei ladrilhos de metrô em muitos banheiros. Não suporto mais. – Ela pegou um ladrilho creme de 10 cm x 10 cm. – Para as paredes – disse. – Aliás, é bom você ter falado nisso.

No corredor, Mary inclinou-se sobre duas caixas de ladrilhos de 30 cm x 30 cm. Tirou alguns de cada caixa e colocou-os no chão.

– Qual você prefere?

Um conjunto era liso e cinza, frio, sem vida. Não convidavam ao toque os pés descalços depois de um banho quente. O outro conjunto era marrom claro, um tom de areia, como aqueles do banheiro da arquiteta em meu primeiro dia de trabalho, com estrias brancas e manchas escuras, cada um diferente do outro, bem mais convidativos do que o primeiro.

– Esses aqui, com certeza.

– É, foi o que eu achei.

– E a Emily, está empolgada? – perguntei, sabendo que ela implorava por aquele novo banheiro há anos.

– Ela ainda não pode ver. – Eu sabia o que Mary queria dizer. Quando Emily olhasse, ela veria caos, bagunça, pedaços de madeira, sem parede, sem piso, só canos e fios. Seria difícil imaginar como aquilo tudo voltaria a ser um cômodo. Eu conseguia ver, naquele momento anterior a todas as peças finalmente se juntarem. Conseguia imaginar como tudo ficaria e repassar as etapas rapidamente em minha mente, camada após camada, até que aquele caos e aquela bagunça, aqueles pedaços de madeira, sem parede, sem piso, só canos e fios voltassem a ser um banheiro.

Agradeci pela ferramentas e pelo apoio via telefone quando eu estava enrolada com as estantes. Ela sacudiu as mãos:

– Sem problemas.

– Não, é sério, Mary, obrigada. – E eu esperava que ela entendesse que eu não estava agradecendo apenas pelas ferramentas.

– Sempre que quiser ser a chefe, vai em frente.

Quando Jonah foi até a casa de meu pai para me ajudar com as estantes, fui a comandante, mostrando-lhe como usar a pistola pneumática, arrancar a moldura da janela com um pé de cabra, usar o nivelador. Ele aprendeu rápido e formamos uma boa equipe, eficiente, e foi uma surpresa agradável saber que podíamos trabalhar juntos daquela forma. Ao ensinar, percebi que eu *sabia* aquelas coisas. Mas dizer a Mary o que fazer? De jeito nenhum.

– Me liga se precisar de ajuda para instalar os ladrilhos – eu disse.

Quando eu estava saindo, cruzei com Emily. Ela se inclinou e sussurrou para mim:

– Ela adorou te ajudar com aquelas prateleiras.

Enrubesci.

– Não, é sério. Ela adorou. Toda vez que você fazia uma pergunta ela ficava radiante de felicidade.

O nó em minha garganta e a queimação em meu rosto foram uma surpresa. Tentei não demonstrar aquilo, não queria que vissem minhas lágrimas, e agradeci Emily novamente e lhe disse que adorei a ajuda de Mary e que não teria conseguido terminar as estantes sem ela.

Emily aproximou-se um pouco mais e disse:

– Hoje é aniversário dela.

Voltei ao banheiro e enfiei a cabeça pela porta. Mary estava sentada numa placa de compensado, as pernas balançando no espaço entre o chão. Ela parecia um garotinho com aquele gorro de lã.

– Feliz aniversário – sussurrei.

Ela se virou, sorriu e balançou a cabeça.

– Ela te contou?

Concordei.

– Dá o fora daqui, preciso terminar isso aqui a tempo de sairmos para jantar.

Trocamos sorrisos e eu parti. A fita azul de pintor ainda estava no teto da sala; o buraco onde a chaminé ficava ainda estava coberto com um compensado. Desci as escadas dos fundos e pisei em pedaços de gesso. Do lado de fora, a pilha de entulho era um conforto, a madeira e o metal, os pedaços de ladrilhos, as nesgas de espuma de isolamento, as dobradiças das portas, a serragem, a sujeira, tudo embrulhado debaixo de um grande encerado azul que pedaços da velha banheira seguravam no lugar. Imaginei os caras da demolição chegando na primavera para colocar tudo aquilo em seu caminhão, dando trabalho para Mary saber se algum saco tinha enchido de água ou não. E assim que eles partissem para enterrar tudo aquilo em um lixão, a pilha começaria a crescer novamente, um saco e um pedaço de madeira por vez.

Os trabalhos mudam. Entramos e saímos das casas das pessoas. Um cômodo se torna outro cômodo, diferente, mas com algo de sua essência ainda lá, intacto. Ladrilhos se transformam em um piso; tábuas se transformam em uma estante; a madeira se transforma em uma parede. Os lugares mudam. As casas mudam. O tempo muda. Nós mudamos.

Como decidimos o que é adequado para nossas vidas? Nunca fica mais fácil responder a essa pergunta. Se tivermos sorte e prestarmos atenção, as pecinhas aqui e ali vão começar a se juntar. As partes vão achar seu lugar, encontrar o nível debaixo da pele dos dedos. Por um momento, uma bolha de ar se inclina e se move para indicar o nível, a familiaridade com quem você é, com quem se tornou, com quem está se tornando.

De pé em frente da casa de Mary, olhei para a janela do banheiro no segundo andar. A luz piscou e, um segundo depois, o som de marteladas vibrou, novos ossos adicionados ao velho esqueleto, Mary sobre uma escada, martelo em mãos.

Entrei no carro e ainda podia ouvir as marteladas. Apesar do frio, abri o vidro para escutá-las enquanto deixava aquele quarteirão. Parei na esquina ao lado da grande igreja de tijolo à vista. O som viajava pelo ar vespertino, ecoava como uma onda. Outros três. Bang-bang-bang. Prego na madeira. A luz ficou verde e eu dirigi de volta para casa, escutei outra martelada antes que o ronco de um ônibus fosse a única coisa que eu pudesse ouvir. Mas, de qualquer forma, as marteladas ecoaram após aquilo e eu ouvi aquele som durante todo o caminho de volta para casa.

EPÍLOGO

É primavera em Cambridge e Mary e eu começamos nosso quinto ano de trabalho juntas na semana passada, instalando novos assoalhos de carvalho no escritório minúsculo da casa de um professor de sociologia aposentado. Foi, como todo ano é, bom voltar ao trabalho. Depois de alguns meses trabalhando neste livro, foi especialmente bom deixar meu apartamento e minha mente e pregar assoalhos de carvalho num piso, sentir o peso da serra de esquadria em meus braços enquanto eu a colocava no furgão de Mary e me familiarizar novamente com a força do pé de cabra. Sinto o peso do trabalho nos ombros e nos tendões quando acordo de manhã. Volto para casa faminta e exausta, feliz de ver as mudas coloridas de açafrão rebentando o húmus na luz fraca do começo da noite.

Durante a baixa temporada, fiz algumas mesas, grandes e pequenas. A cada uma delas, melhorei minha técnica. (Fico um pouco constrangida quando penso na primeira que fiz, aquela que dei de aniversário para meu irmão, uma mesa grande e funcional, mas bruta.) Com cada uma aprendi algo que não sabia antes. Porém, mais do que a satisfação do aperfeiçoamento, construí-las me fez saber o quanto ainda tenho a aprender. Poucas coisas nos fazem mais cientes do tempo, e do tempo que resta, do que encarar tudo o que resta para aprender em um novo ofício. As mesas estão lá. Elas são belas e fazem o trabalho que têm de fazer. Mas há tanta coisa que ainda não sei.

Cinco anos trabalhando com Mary e o trabalho ainda é novidade. Em parte, penso, é exatamente por causa de tudo o que resta para aprender. O poeta Jon Cotner me ensinou o provérbio coreano que diz "Mesmo que conheça o caminho, pergunte outra vez". Não se trata de um motivo para se perder, acho, mas de uma cutucada para se manter alerta, concentrado, atento, mesmo depois que o tempo e a experiência nos tornam mais calejados. O entusiasmo não surge do conhecimento, mas do aprendizado contínuo, do desafio. É assustador o quanto resta para aprender. E também é motivador. Por ora, estou satisfeita em continuar errando e tentando de novo e de novo até acertar.

Cada mesa, cada parede e piso, cada estante construída e preenchida com livros trazem um conhecimento novo de que tudo aquilo vai ceder algum dia. Durante nossa vida, ou depois, essas paredes e pisos e estantes não farão mais o trabalho que têm de fazer. A madeira vai rachar, apodrecer, talvez ser usada como lenha, talvez ser trocada por um modelo novo ou descartada, jogada no lixo, triturada, morta. Esse é o seu destino e esse é também o nosso destino, quando o uso e o tempo decretam que é o fim. E eu sou arrebatada às vezes – coloco as mãos em uma tábua lixada de nogueira escura e sinto uma vibração nela, vejo os nós em espiral e penso na árvore que cedeu aquela tábua, em suas raízes penetrando fundo a terra escura e quente, penso em seus galhos largos, em suas folhas como plumas ao vento, vibrantes e imóveis. E aqui está ela agora, sob minhas mãos, unida, colada, presa, transformando-se numa mesa. *Uma coisa que se transforma em outra.*

"O que foi agora não é mais. E o que não era passou a ser", escreveu Ovídio. "A renovação é a quantidade de tempo". Todos somos inacabados no fim das contas.

Mary e eu vamos começar um serviço numa cozinha na próxima semana. Reforma completa. Vai dar trabalho.

Aproveite o fim de semana pra fazer algumas flexões de braço, ela me disse quando nos despedimos sexta à tarde. Foi o que fiz.

AGRADECIMENTOS

Matt Weiland, editor deste livro, tem o talento maravilhoso de fazer "você tem muito trabalho" soar como "você consegue". Sou grata por ter tido a oportunidade de trabalhar com alguém tão paciente, engraçado e sábio. Este livro não existiria, e não existiria como existe, sem ele. Minha agente curiosa, espirituosa e animada, Gillian MacKenzie, tem sido uma fonte sincera de orientação e apoio desde o começo e me sinto imensamente feliz de tê-la ao meu lado. Agradeço a leitura aguçada e sensível de Nancy Green e os esforços e horas que a equipe da editora Norton despendeu para tornar este livro uma realidade. Sou infinitamente grata aos meus pais. À minha mãe, pelos lenços, cobertores e luvas, pelas munhequeiras e gorros e cachecóis – ou seja, por todo o calor. Ao meu pai, por seu rigor. Sou especialmente grata a meus irmãos, as duas pessoas com as quais mais dou risadas nesse mundo: Will, que é o melhor contador de histórias que conheço, e Sam, meu aliado fiel, a pessoa a quem eu mais procurei em busca de ajuda e *feedback* para este livro. A generosidade, a atenção e a vontade de celebrar grandes e pequenas conquistas que Pamela Murray demonstra têm sido uma fonte de força e inspiração para mim. Agradeço a Goody-Goody pela educação. Agradeço a Jenny White pelo carinho e cuidado e por nossas conversas estimulantes – jamais conheci uma ouvinte melhor. Agradeço a Alicia Simoni, cujo *insight* e compreensão profundos me ajudaram neste livro e muito além dele. Tenho sorte de ter dividido a mesa e as risadas com Joe e Laila Fontela. Agradeço a Grub Street por me ajudar a começar, e ao *Boston Phoenix* por ter sido um lugar maravilhoso para eu passar meus 20 anos. Agradeço a Richard Baker e a Leona Cottrell, a Phillip Connors e a Mary, claro. E, acima de tudo, a Jonah James Fontela, para quem "amor" é uma palavra inadequada.